U0114713

《共和國火車頭

火車頭

王雄 著

新中國70年見證

開明書店

目錄

火車與這個世界

火車的出現，讓世界改變了模樣。

千百年來，為了加快行走速度，提升駝重能力，人類一直在尋求動力和工具的突破。從滾槓、雪橇，到馬拉爬犁，從獨輪車、雙輪車，到四輪馬車，人類一直依靠人力和畜力拉動車輪艱難前行。蒸汽機的發明，將牲畜和人力從沉重的勞動中解放出來，促進了人類前行速度的大幅度提升。

1802 年，英國機械工程師特里維西克在他研製的蒸汽機車的基礎上，製成了世界上第一台利用軌道的實驗性蒸汽機車。機車共有 4 個動力輪子，在默瑟爾和加爾第夫之間的鐵路上行駛了 14.5 公里。由於板式軌道承受不了蒸汽機車的重量而斷裂，機車失去控制，一頭撞在了路邊的房屋上。試驗宣告失敗。

1821 年，英國鐵路工程師史蒂芬森，受達林頓富商愛德華·皮斯的委託，在斯托克頓和達林頓兩座城市之間，動工修建世界第一條正式鐵路。1823 年 6 月，史蒂芬森父子在紐卡斯爾開設機車工廠，正式製造火車頭。這是世界第一家機車車輛製造廠。

1825 年 9 月 27 日，世界第一條正式運營的鐵路——斯托克頓至達林頓鐵路通車，全長 32 公里。史蒂芬森駕駛改進後的「旅行者號」（Active）蒸汽機車，牽引着 6 節煤車和 20 節擠滿 550 名乘客的車廂，載重量達到 90 噸。

隨着長長的汽笛聲響起，「旅行者號」蒸汽機車駛進了一個全新的時代，它向全世界宣告了鐵路新紀元的到來。

蒸汽機車
MG型蒸汽
機車，英國一九
零九年製造，
曾隸屬京奉、
津浦、北寧瀋
海鐵路運行
乙丑年
海濤

▲ MG 型蒸汽機車（陳海濤畫）

這一壯觀場面吸引了眾多人前來觀看。看熱鬧的人擠滿了鐵道兩旁，有的步行，有的騎馬，追追跑跑，簇擁着這個長蛇般的龐然大物緩緩前行。還有一些情緒激動的人呼喊着、騎着馬、打着紅旗，跑到列車前面開道。這列客貨混載的列車，最高時速 24 公里，上午 9 點從達林頓出發，下午 3 點 47 分到達斯托克頓，順利完成了一次里程碑式的蒸汽機推動輪子的行進。

火車拉得多、跑得快，這一巨大優越性的顯現，在英國立即掀起了一股修築鐵路的狂潮。這個時期正值產業革命後期，鋼鐵工業、機器製造業等均達到一定的水平。大工業的迅猛發展，對原材料和產品的運輸需求急劇加大，高效、便捷的鐵路運輸生逢其時，備受厚愛。

短短幾年時間，鐵路就支撐起了英國的長途運輸業，以比公路運輸和河運更快的速度、更低廉的成本，擔當起旅客、貨物運輸的重任。1830 年，在鐵路修建前，倫敦和布萊頓之間每天有 48 班客運馬車往返，每個馬車班次需要 4.5 小時，1 公里約支付 2 便士。從曼徹斯特到黑池 64 公里，要用一整天。從倫敦到愛丁堡，坐馬車需要兩個星期。火車開通後，一下子縮短到了兩天。

到 1832 年，英國已擁有 24 條商用鐵路，最興旺的一條年運載 35 萬人次旅客和 70 萬噸貨物。鐵路極大地推動了英國商業貿易和鋼鐵、機械、建築工程、地產等行業的發展，大大地降低了物流成本，成為名副其實的「經濟大動脈」。

英國著名作家查爾斯·狄更斯在他的小說《董貝父子》中對鐵路時代做出了生動的描繪：「鐵路時間」改變了日出而作、日落而息的傳統農業時間，改變了人們對空間和時間的概念，也改變了世界的面貌——貧民區從地面上消失

了，原來一些朽爛的涼亭殘存的地方，現在聳立着高大的宮殿；堆放垃圾的空地已被吞沒，代之而起的是「一層層庫房，裏面裝滿了豐富的物資和貴重的商品」。荒涼的地方修起了花園、別墅、教堂。

19 世紀中葉，經過兩次鴉片戰爭，西方列強打開了中國的大門。在中國廣袤的土地上，為追求更多的利益，以英美為主的西方商人和官員試圖在中國興建鐵路。

中國火車頭最早的軌跡，源於 1865 年 8 月，一位名叫杜蘭德的英國商人在北京宣武門外沿護城河鋪設了一條長 500 米的小鐵路，讓一台小型蒸汽機車，拖着 3 節車廂在鐵路上來回地行駛，吸引眾人觀看。

1866 年，英國公使向清政府提出要求，在上海租界與長江吳淞口之間修築一條鐵路，以解決黃浦江岸邊裝卸貨物不便的問題，但遭到清政府的拒絕。1874 年，英國商人聲稱修築一條吳淞口與上海間的馬路，清政府同意徵購土地。殊不知，英國人卻在馬路上鋪上了鐵軌。

1876 年 7 月 3 日，英國「先導號」蒸汽機車拉響了中國的第一聲汽笛。這是一條軌距為 0.762 米的窄軌鐵路，採用每米重 13 公斤的鋼軌，全長 14.5 公里，列車速度為每小時 24~32 公里。這就是中國大地上的第一條商業運營鐵路 —— 吳淞鐵路，就是從今天的河南北路通向吳淞口的。

然而，就在通車滿一個月時，火車軋死了一名過路行人。沿線民眾被壓制的不滿情緒終於爆發，群起而攻之，阻止火車開行。1876 年 10 月，中英雙方議定，由清政府出資 28.5 萬兩白銀，買下這條鐵路。款項在一年半內分三次付清，未付清前允許鐵路照常營業。1877 年 10 月 22 日，中國付清了議定的銀兩，根據鐵路買斷條約，鐵路權歸中國所有。10 月 31 日，吳淞鐵路被拆卸，終結了中國首條鐵路的命運。

1881 年，為了方便把煤從唐山礦區運到最近的海港裝船，清政

▲「龍號」機車 （資料照片翻拍　新華社）

府批准修建唐山至胥各莊的鐵路。於是，中國人在唐山和胥
各莊之間用英國鐵軌鋪就了一條全長 9.7 公里的鐵路，這是
中國人自己修築的第一條鐵路。同時，還設立了修車廠。

　　那年夏天，幾十名中國工人依照總工程師，英國人金
達（C. W. Kinder）的幾張圖紙，利用開礦用的捲揚機鍋爐、
豎井架、槽鋼及鑄鐵車輪，打造了一個「龐然大物」——
蒸汽機車。機車構造十分簡單，一台小鍋爐，三對動輪，
沒有導輪和從輪。1881 年 6 月 9 日，在喬治‧史蒂芬森誕
生 100 周年之日，開平礦務局總礦師白內特的夫人敲下了第
一顆道釘，並將蒸汽機車命名為「中國火箭號」（Rocket of
China）。隨後，機車開始投入日常運行。

「中國火箭號」機車的轟鳴聲，劃破了中華大地幾千年的沉寂，宣告着一個新歷史的誕生。儘管該機車時速只有 5 公里，牽引力也僅有 100 多噸，但它是中國火車頭的第一號。機車運行不久，工匠們又在車頭兩側各鑲嵌了一條金屬刻製的龍，因此又被稱為「龍號」機車。

「龍號」機車拉着煤車，行駛起來濃煙滾滾、地動山搖。消息很快傳到了京城，朝廷官員嚇壞了，立刻奏請慈禧太后，説是機車噴出的黑煙有傷禾稼。朝廷勒令禁駛機車，改用驢、馬拉着煤車在鐵道上滑行。

自 1865 年 8 月北京城的「廣告火車」開始，直到 1949 年中華人民共和國成立，80 多年裏，中國鐵路上奔跑的火車頭全都依賴於從外國進口。只有「龍號」機車是唯一的例外。據 1949 年《鐵道月刊》第 188 期記載，當時全國可統計的蒸汽機車有 4069 台，機車型號多達 198 種，分別出自英國、美國、德國、法國、日本、比利時、俄國、捷克等 8 個國家的 30 多家工廠，多達 140 多種機型，被譏諷為「萬國蒸汽機車博物館」。

1949 年 10 月 1 日，中華人民共和國成立！70 年來，快速發展的鐵路機車工業，為國家建設提供了強大動力。中國人依靠自己的力量，累計開發生產蒸汽機車 20 多種、內燃機車 150 多種、電力機車 50 多種。

20 世紀中葉，蒸汽機車開始逐步被內燃機車和電力機車所取代。1960 年，美國最早讓蒸汽機車退出歷史舞台。接下來，法國於 1962 年，英國於 1968 年，日本於 1975 年，德國和蘇聯於 1977 年，也相繼停用蒸汽機車。中國曾經是全球最後一個製造大型蒸汽機車的國家。直至 2005 年 12 月 8 日，蒸汽機車在中國全部退役。自此，在鐵路上奔馳了 180 多年的蒸汽機車，最終退出了歷史舞台。緊接着，內燃機車、電力機車和高速列車成為了一種時代的象徵。

▲ KD5 型蒸汽機車 （陳海濤畫）

KD₅型
蒸汽機車
又称团结
型或坦固型
一九三二年
由日本川
崎工厰制造
该車适宜
調車作业在
天津浦口郑
州等地和
陇海鉄路
使用·
甲午
年夏
海
清
画

第一章

蒸汽機車騰雲駕霧

蒸汽機車是以煤為燃料、蒸汽機為動力，最初級、最古老的火車頭。蒸汽機車通過用煤燒水，水變成蒸汽，蒸汽推動活塞、勾貝，推動車輪運行。遠伸的鋼軌，飛馳的火車，煙筒吐着煙霧，汽缸噴射着蒸汽，還有飛速轉動的大紅輪子，構成了一幅騰雲駕霧的壯美景致。

人們常用「前進的火車頭」來形容事物的飛速發展。新中國成立後，鐵路機車工業以研製國產蒸汽機車為突破口，從仿製解放型蒸汽機車，到自行研發大功率前進型蒸汽機車，在很短的時間內實現了蒸汽機車的國產化。大功率、大批量、多品類的蒸汽機車上線，滿足了國家建設的需要。

新中國蒸汽機車工業發展，大約經歷了仿製—改進—創新三個階段。前期主要是仿製外國蒸汽機車，用新技術、新材料仿製原有的舊機型，以滿足不斷增長的鐵路運輸需要。解放型、勝利型蒸汽機車屬於仿製範疇。到了 20 世紀中後期，開始採用較為先進的新工藝，對原有型號舊式機車改進設計，批量生產新型機車。建設型、友好型、人民型、上游型蒸汽機車屬於改進範疇。20 世紀 70 年代初，以前進型蒸汽機車為標誌，中國蒸汽機車製造實現了自主設計生產和全面技術創新，各項性能達到或超過了西方國家的同類蒸汽機車。

這個時期，是中國蒸汽機車的鼎盛期，最高峰的 1979 年，共有 7899 台蒸汽機車在全國的鐵路線上奔跑，原鐵道部部長呂正操曾在《中國蒸汽機車世紀集影》一書的《序言》中寫道：蒸汽機車「在中國達到了它發展史上的鼎盛」，其效用「發揮到了極致」。

▶ 上游型蒸汽機車 （羅春曉攝）

中華人民共和國的成立，迎來了國產蒸汽機車大發展的春天。

舊中國的鐵路牽引動力，全部是蒸汽機車。當時，中國並不具備製造蒸汽機車的能力，僅有的幾家機車車輛工廠只能修理機車或者用進口零部件組裝機車。

新中國成立後，國民經濟的飛速發展和抗美援朝戰爭的急需，鐵路線迫切需要大量牽引動力，而舊中國遺留下來的破舊機車遠遠不能滿足鐵路運輸的需要，亟須大力發展國產機車工業，自己動手生產蒸汽機車。由此，鐵道部提出，從仿製蒸汽機車入手，進而自行設計新型蒸汽機車。全國各機車車輛工廠以極大的創造熱情投入到了國產蒸汽機車的研製生產之中。

故縣鐵廠「小火車」

新中國蒸汽機車製造史從解放戰爭時期開始。1946 年初，八路軍決定在太行山根據地建立重工業鋼鐵基地。1948 年 1 月 8 日，山西長治地區的故縣鐵廠生產出第一爐鐵水。當年故縣鐵廠的日產生鐵量達到了 200 噸，兵工廠用這些生鐵製造了大量的炮彈和重武器。從鐵廠到各礦石原料場都是山間小道，運輸車行走十分艱難。為了方便礦石運輸，職工們提出修築小鐵路，得到了總部領導的首肯。

正值寒冬臘月，工地氣溫低至零下 24 度。路基上佈滿了冰雪，土質堅硬。職工們從山上砍伐楊樹，打樁堆土，綁木支撐，在大溝上建墩架橋。就這樣，一座長 60 米、高 10 米的木質大橋很快架了起來。幾個月時間裏，修通了一條全長 4 華里的從鐵廠到礦區的窄軌小鐵路。

小鐵路修通後，沒有火車頭，就讓毛驢拉着礦石車在鐵軌上行駛，工效竟然比土路翻了幾倍。隨着高爐的增多，毛驢拉礦石顯然滿足不了需要。於是，工人們嘗試製造小火車。他們利用廢舊的小鍋爐，自己動手做沙模，再用高爐鐵水直接澆鑄鐵輪、車架。1950 年 6 月，終於製造出了新中國第一台「小火車」。

這台小火車，軌距 762 毫米，自重 12.5 噸，牽引力 70 噸，型號命名為「1 部」。機車後面拉的是罐車，每輛罐車載重半噸鐵礦石，每列拉七八輛小罐車。通過木質大橋時，時速控制在 10 公里以下。

1950 年至 1956 年間，故縣鐵廠先後自製了 6 台小火車。由此，故縣鐵廠組建了山西省晉東南地區地方鐵路局和長鋼火車隊。故縣鐵廠就是後來的首都鋼鐵廠的前身，也是新中國火車頭的搖籃和發祥地。

「中蘇友好」與「國慶周年」

1949 年 6 月 2 日，山東青島解放。坐落在青島市郊的四方機車車輛廠回到了人民的手中。當時工廠的主要任務就是修復戰爭中損壞的蒸汽機車。

四方廠是中國規模最大、資格最老的機車廠。1900 年，德國人佔領青島後，開始修築膠濟鐵路，同年 10 月 20 日，開始動工興建「膠濟鐵路四方工廠」。在解放前的半個世紀裏，工廠只能從事鐵路機車的修理、組裝和客貨車輛的製造。

1949 年 10 月，在鐵道部和青島市軍管會的大力支持下，四方廠修復了一台十分破舊，並已報廢的 MA 型 1969 號蒸汽機車，作為蘇聯十月革命 32 周年紀念日的獻禮產品。1949 年 12 月 1 日，在北京前門火車站舉行了命名典禮，命名為「中蘇友好號」。這年 11 月，唐山機車車輛廠也用廢舊的機車零部件，組裝了一台編號為 1588 號的

▲ 解放型 2101「國慶號」（羅春曉攝）

蒸汽機車，也命名為「中蘇友好號」。

　　1950 年 8 月 28 日，四方廠成立了「國慶日獻禮新造機車工作委員會」。所謂新造機車，實際上就是仿製，基本上是用庫存的機車配件材料。仿製過程中，大家精細加工，協同作戰，工人曹俊密製造出國產分配閥代替了進口產品，在創新上做出了貢獻。9 月 15 日，新機車落車下線。9 月 27 日，四方廠為新機車舉行落車典禮。典禮上，新機車被命名為「國慶周年號」（簡稱「國慶號」）機車。

　　1950 年 10 月 1 日，是中華人民共和國的第一個周年紀念日。就在這一天，美帝國主義悍然將戰火燒到我東北邊境。抗美援朝戰爭開始。由四方廠搶修的「中蘇友好號」機車、仿製的「國慶周年號」機車，都先後開往了朝鮮前線，承擔了運送戰備物資的任務。

　　「國慶周年號」是中華人民共和國第一台用配件組裝製造的、標準軌距的蒸汽機車，由此，掀開了國產機車製造的宏偉畫卷。「國慶周年號」現收藏於中國鐵道博物館。

「八一號」汽笛聲聲

　　舊中國鐵路線上運行最多的是日本 JF6 型蒸汽機車，為 2-8-2 輪式（即 1 對導輪，4 對動輪，1 對從輪），名曰「天皇式」。到中華人民共和國建立前夕，這類機車數量多達 1144 台。天皇式蒸汽機車最早是美國為滿鐵設計製造的。滿鐵從美國 ALCO 廠購入。後來捷克、日本、法國陸續生產這個型號的機車。之後，中國大連機車工廠、滿洲車輛製造工廠也相繼在本土裝製生產。1951 年，中國鐵路部門將 2-8-2 輪式蒸汽機車，統一型號為「ㄇㄎ型」，即後來的「解放型」（JF 型）蒸汽機車系列。

　　中華人民共和國成立後，為了緩解機車短缺的被動局面，鐵道部決定，由四方機車工廠承擔研製新型蒸汽機車的任務。經過分析研

▲「八一號」蒸汽機車 （王雄攝）

▲「八一號」蒸汽機車 （王雄攝）

討，決定選擇數量較多、功率較大的日本產 JF6 型蒸汽機車，作為仿製的第一款機車。

四方廠立即成立了新型機車設計攻關小組，並以最快的速度完成了新型幹線貨運蒸汽機車圖紙的設計，並加緊進行研製工作。從修火車頭到造火車頭，完全是兩個概念，其困難程度顯而易見。當時蒸汽機車製造的關鍵技術都是由國外廠家壟斷，只能靠自己摸索着幹。大家對着圖紙拆解機車部件，拆完了再組裝起來，一點一滴地積累機車製造經驗。四方廠將英制改為公制，材料牌號也做了改變，盡量採用國產材料組織生產。有資料表明，當年仿製 JF6 型機車時，整理的機車圖紙約有 5000 張之多，可見工作量之大。

其實，當時的仿製並不是簡單的模仿，而是融入了許多創新元素和技術進步成果。四方廠採取兩條腿走路的方針，一方面，通過技術革新，自行生產了一部分零件；另一方面，充分利用庫存的日製零件。

控制蒸汽進出汽缸的月牙板，是機車上很重要的部件之一。要求鋼材硬度高，需要對材質進行表面滲碳處理，但其技術參數卻無法得知。當時，工廠裏沒有完備的化驗室，化學藥品也不多，而有關的技術知識更不足。「月牙板表面滲碳處理」技術組有一位老工人，名叫丁學文。為了製造出合格的月牙板，他廢寢忘食，邊學習邊摸索。白天，他去商店詢問化學藥品的含碳情況；晚上，就讓上中學的孩子給他讀化學書，從中學課本了解化學知識。他嘗試在滲碳處理材料中，適量加入赤血鹽、牛骨、水膠等物品，經過反覆試驗，終於成功地解決了月牙板表面滲碳處理難題。月牙板質量不但達到了標準，而且趕上了當時的國際先進水平。

1952 年 7 月 26 日，在攻下了一道道技術難題後，第一台仿製新型機車完成組裝並進行試運行。當天傍晚，下班的時間早已過去，職工們誰也不願離去。19 時 30 分，新機車試運完畢後順利回廠。機車剛停穩，試車司機就跳下車來大聲高呼：「我們試車成功了！」頓時，

▲ 建設型蒸汽機車 （羅春曉攝）

車上車下響起了熱烈的掌聲。機車試跑時速達到了 75 公里，牽引定噸 2000 噸。

中華人民共和國仿製生產的首台蒸汽機車後來被定型為「解放型」，編序 2102 號。1959 年，統一命名時更改為「JF 型 2102 號」。這台仿製蒸汽機車構造時速 80 公里。仿製過程中，由於進行了一系列的技術創新，有效降低了單位功率的蒸汽消耗量和金屬消耗量，從而極大地改善了機車的技術性能，為後來的新型蒸汽機車製造奠定了良好基礎。

20 世紀中期，解放型蒸汽機車一直是中國鐵路的主型貨運機車。直至 1960 年停止生產，共生產了 216 台。

1952 年 8 月 1 日，為紀念中國人民解放軍建軍 25 周年，新機車被命名為「八一號」。「八一號」機車洪亮的汽笛聲向全世界宣告：中國人不能製造機車的歷史結束了！由此，拉開了新中國製造蒸汽機車的序幕。

1957 年 7 月，大連機車車輛廠對解放型蒸汽機車進行改進，製造出「建設型」幹線貨運蒸汽機車。建設型蒸汽機車構造速度達到每小時 85 公里，步入國際先進水平行列。

1992 年 5 月 30 日，「八一號」機車光榮「退役」，它整整奔跑了 40 年。現在陳列於四方機車車輛公司廠區內。

2018 年春，我來到四方公司採訪，發現關於「中國第一台機車」曾經有過一番爭論。繼「八一號」之後，1952 年 12 月 30 日，四方廠又成功仿製出解放型 2121 號機車。在中華人民共和國成立 50 周年成就展覽會上，解放型 2121 號機車以「中國第一台機車」的身份亮相。儘管「八一號」和解放型 2121 號機車都是仿製，但是，解放型 2121 號機車的零部件全部是國產的，用的全部是國產原材料。由此，一些專家認為，解放型 2121 號機車才應該是新中國製造的第一台機車。解放型 2121 號機車收藏於中國鐵道博物館。

▶ 新中國製造的第
一台機車解放型
2121 號蒸汽機車
（羅春曉攝）

火車要想跑得快，牽引機車的速度很重要。從機車分類來講，貨運機車講究拉得多，客運機車講究跑得快。由此，客運機車的動輪直徑都要大於貨運機車，業內有「大動輪」客運機車之說。一般情況下，越是速度快的客運蒸汽機車，動輪直徑越大，動輪數目越少。除動輪大之外，客運機車還要在動輪前方設有雙導輪轉向架，確保高速時平穩安全地通過曲線。

「勝利型」蒸汽機車與「人民型」蒸汽機車，分別為新中國鐵路第一代和第二代客運蒸汽機車，它們屬於父子關係。這兩種型號機車的動輪直徑均為 1750 毫米，有「大動輪」客運機車之說。而享有「大力士」之譽的前進型貨運蒸汽機車，其動輪直徑只有 1500 毫米。

最快的蒸汽機車

長期以來，世界上蒸汽機車的探索者一直在興致勃勃地研究如何提升火車運行速度，如加大機車蒸汽鍋爐、擴充活塞缸徑、增大動輪的直徑等。1934 年 3 月，在中國東北鐵路線上運行的日本「亞洲號」客運蒸汽機車，時速超過了 135 公里，成為首台破百的明星蒸汽機車。

同年 11 月 30 日，由英國人奈傑爾·格雷斯利爵士設計、唐卡斯特工廠製造的「蘇格蘭飛人號」蒸汽機車，創造了時速 160.9 公里新紀錄。更令人稱奇的是，「蘇格蘭飛人號」不僅速度快，而且耐力好。1989 年 8 月 8 日，「蘇格蘭飛人號」在澳大利亞連續不間斷地行駛了 679 公里，創下了一項可能永遠都無法被打破的世界紀錄：在不停站補給的情況下，連續行駛里程最長的蒸汽機車。

▲ 勝利 7 型「亞洲號」蒸汽機車 （陳海濤畫）

　　歷史上行駛速度最快的蒸汽機車，同樣誕生於工業基礎雄厚的英國，設計者同樣是奈傑爾・格雷斯利爵士，同樣在唐卡斯特工廠製造。與「蘇格蘭飛人號」不同的是，這台名為「野鴨號」的新型客運蒸汽機車不僅輸出功率大，而且車體外觀時尚大氣，乃世界級水平的超然之作。1938 年 7 月 3 日，在林肯郡葛蘭山至諾山郭郡彼得市鐵路上，「野鴨號」創造了時速 203 公里的破雙百紀錄，這是蒸汽機車的歷史最極速紀錄。

　　大西洋那邊的美國牛仔也不落後，他們憑藉自己奔放粗獷的性格，對蒸汽機車的追求直奔主題，那就是一個勁兒地增大馬力。於是，在同一時期，世界上馬力最大的蒸汽機車落地美國。美國人給這台堪稱「蒸汽機車巔峰之作」的龐然大物起了個可愛的名字：大男孩。

　　「大男孩號」身長達到 40.47 米，為 4-8-8-4 輪式（即 2 對導輪，

兩組各 4 對動輪，2 對從輪），動力達 6000 馬力，最高時速為 190 公里。1946 年的一天，司機為彌補誤點，曾把「大男孩號」的時速開到 226 公里。如此高的時速，不僅在當時，就是與當今的先進機車相比也不遜色。

「大男孩號」力氣大，食量自然也就多。在全速工作狀態下，「大男孩」平均每小時要燒掉 22.5 噸煙煤，胃口大得嚇人。也許討厭「大男孩」的笨重，20 世紀 30 年代到 60 年代末期，美國最負盛名的兩家鐵路公司──聯合太平洋和中央太平洋鐵路公司，陸續在紐約、芝加哥出發的多條客運幹線上推出了流線型蒸汽機車，讓旅客們在享受快速度的同時，也領略到一種審美的愉悅心情。

在今天看來，這些千奇百怪的快速客運蒸汽機車，彰顯了人們對火車速度的敬畏和勇於創新的精神。由此，人們對火車頭速度的熱衷追捧，一直延續下來。

「勝利型」客運機車

在成功取得解放型貨運機車仿製經驗後，中國機車工業部門選擇了偽滿時期留下的日本「ㄆㄒ 6 型」蒸汽機車作為藍本，開始仿製客運蒸汽機車。就當時情況而言，這是一種性能較好的幹線客運蒸汽機車。

「ㄆㄒ 6 型」蒸汽機車前身為南滿洲鐵道的 Pashiro 型機車，又稱「太平洋」系列，先後有川崎車輛、日立製作所、滿鐵大連工廠、汽車製造等日本企業都生產過這種型號的蒸汽機車。同型號的還有川崎車輛製造的華北交通 Pashiro 型、華中鐵道 KC100 型機車。其中有一種車型是日本川琦重工株式會社專為中日戰爭生產的產品，僅生產了 12 台。

▲ 勝利 3 型蒸汽機車　（羅春曉攝）

▲ 勝利 601 號蒸汽機車　（羅春曉攝）

1934年，這種車型調往偽滿洲國鐵道運營，曾在東北地區擔當高級豪華客車的運輸任務，牽引過「亞細亞號」「興亞號」「大陸號」旅客列車。直到抗日戰爭勝利，成為中國人民的戰利品。二戰後全部改編為ㄆㄒ6型蒸汽機車。

1954年至1955年，仿製勝利6型蒸汽機車的整圖設計工作在大連機車車輛廠進行。設計過程中，技術人員充分吸取借鑒了解放型蒸汽機車技術改造的經驗，對機車鍋爐和機械部分進行了重點改進。而後，交由四方機車車輛廠組織生產。僅用了八個月時間，於1956年9月，試製出的兩台客運蒸汽機車，分別命名為「勝利型」601號和602號，為4-6-2輪式（即2對導輪，3對動輪，1對從輪），構造速度每小時110公里。

「勝利型」這一名稱，直到1959年中國統一機車型名時，才以成系列的形式固定下來，成為4-6-2輪式的「ㄆㄒ型」（「太平洋」，PF，RM）機車的統一規範名稱。其區分的界限是，勝利型601號以後的是四方機車車輛廠的仿製車，勝利型600號以前的主要是日偽時期的PX型機車。勝利型蒸汽機車共有17個型號。仿製的勝利型蒸汽機車，於1959年停產。

儘管是仿製，仍然有許多創新之處。從勝利型蒸汽機車結構特點來看，機車鍋爐與舊式的不同，大煙管由36根增加到了50根，增加過熱和蒸發傳熱面積的比值，提高了蒸汽的過熱溫度，機車效率整體提升。同時採用了先進的特洛菲莫夫分動式汽閥，煤水車底架、水櫃、煤槽均為電焊焊接結構等。機車構造速度，比ㄆㄒ6型蒸汽機車的時速提高了10公里。

勝利型客運蒸汽機車投入使用後，立刻改變了長途直達

旅客列車的整體形象，牽引客車數量從 9 輛增至 13 輛，取得了良好的社會效益和經濟效益。這是中國自主生產蒸汽機車初期所取得的不小成績，「勝利」這個名字名副其實。由此，勝利型機車很快成為中國幹線客運主型機車。

勝利型 601 號蒸汽機車出廠後，配屬天津機務段，用於牽引北京至山海關的旅客列車。後又配屬給呼和浩特機務段。1984 年，呼和浩特鐵路局的旅客列車擴編，改用前進型機車牽引旅客列車，勝利型 601 號蒸汽機車正式退役。

1959 年，勝利型客運蒸汽機車停止生產。編號從 601 號開始，共生產製造了 151 台。

1988 年，鐵道部機務局將勝利型 601 號蒸汽機車無償調撥給鐵道部科學技術館（中國鐵道博物館的前身）收藏。在文物定級時，這台機車因為是中華人民共和國成立後製造的第一台幹線客運蒸汽機車，被評定為國家一級文物。

2003 年，鐵道部設計了「勝利型蒸汽機車」中國鐵路賀年紀念封，面向社會發行。

「客運王」的美譽

「人民型」蒸汽機車是國產牽引動力最大的客運機車，享有蒸汽時代「客運王」的美譽。

中國地形複雜，鐵路線路條件各異。勝利型蒸汽機車的牽引力受到限制，無法滿足一些大坡道線路運輸的需求。1957 年，大連機車車輛廠以「勝利 6 型」蒸汽機車作為技術平台，進行了改進設計和技術提升，設計出了「人民型」蒸汽機車，代號 RM。人民型機車馬力增大，速度提升。封閉式司機室，室內寬敞，光線充足，各種操縱裝置和儀錶佈置合理，操作方便。

1958 年，四方機車車輛廠試製生產人民型蒸汽機車時，又對大連廠的圖紙進行了四次重大改進。鍋爐採用全焊結構，增加了加煤機、給水加熱器和自動調整楔鐵等裝置。

這年 4 月 30 日，首台人民型蒸汽機車成功下線，編號為 1001 號，並即刻組織批量生產。輪式仍然為 4-6-2 式（即 2 對導輪、3 對動輪和 1 對從輪），構造速度每小時 110 公里。人民型蒸汽機車不少零部件可以與建設型機車互換使用。

至 1960 年，四方廠先後對人民型機車進行六次技術改造，包括改進排煙裝置及煤槽灑水管路、滑塊改為稀油潤滑、加裝風動上水、軸溫顯示等。同時還不斷實施小設置的改進，如司機室加後通風窗、煤槽內加推煤機、右側加汽笛操縱閥、火箱和灰箱內加裝助燃器等。

1963 年後，根據運用中發現的問題，四方廠又進行了一些技術改進，如改變了閥裝置尺寸、小煙管改為料根、加

▼ 人民型蒸汽機車
（陳海濤畫）

裝了導煙板等，使原設計更趨完善合理。為發揮鍋爐效率和改善乘務員勞動條件，採用了加煤機、推煤機和風動搖爐器等。

與勝利型蒸汽機車相比，人民型機車的品質和性能有了很大提高，牽引力更大，速度更快，機車乘務員的工作環境也有所改善。人民型蒸汽機車單位功率耗煤量降低 11.8%，功率提高 28.9%。在平道上牽引 800 噸客車時速可達到 94.5 公里。成為 20 世紀 50 年代至 70 年代中國鐵路幹線旅客列車主型機車，適用於長途運行。截至 1966 年人民型蒸汽機車停產，累計生產了 258 台。

人民型 1001 號機車出廠後，配屬北京鐵路局天津機務段，用於牽引北京—天津—山海關旅客列車。1988 年，在鄭家屯機務段退役。

人民型 1001 號機車作為珍貴的鐵路文化遺產，現收藏於中國鐵道博物館，定為國家一級文物。

▼ 人民型 1011 號蒸汽機車
（安林攝）

「前進型」蒸汽機車是國產幹線大型貨運機車，是中國蒸汽機車技術的集大成和最傑出的代表。前進型蒸汽機車不僅是中國功率最大、效率最高的幹線貨運主型機車，也是世界鐵路有史以來最優秀的蒸汽機車品種。

與客運機車相比，力氣大是貨運機車的主要特徵。要求以普通速度，牽引較重的貨運列車。因此，貨運機車一般動輪較多，動輪直徑比客運機車的小，汽缸直徑較大，具有較大的牽引力和黏着力。

「老和平」的故事

解放型貨運蒸汽機車成功仿製，解決了鐵路貨運動力缺乏的一時之急，但由於在設計水平和牽引功率等方面存在許多不盡人意的地方，鐵道部一直積極推進研製更先進、更適應中國鐵路運輸大發展的大功率蒸汽機車。

早在 1955 年初，第一機械工業部根據鐵道部幹線貨運蒸汽機車設計技術標準，決定由大連機車工廠進行國產大型貨運蒸汽機車的設計。這是在吸取世界先進技術的基礎上，中國首次自己設計大功率蒸汽機車，具有開創性重大意義。

據大連機車廠的廠志記載，「（1954 年）11 月，第一機械工業部機車局將原有設計人員調入大連工廠，與從全國各地抽調的工程技術人員一道，成立了我國第一個蒸汽機車設計科，組建了國產蒸汽機車設計中心，籌建我國鐵路動力裝置的主要設計開發基地。」這無疑是中國鐵路機車事業的大佈局。

作為社會主義陣營大家庭，那時還沒有知識產權之說，大連機車工廠決定對蘇聯的 FD 型大型貨運機車技術進行

借鑒。「FD」源自蘇聯菲列克斯‧捷爾仁斯基的名和姓，俄文字母為「Ф,Д」。十月革命後，捷爾仁斯基曾任蘇維埃俄國交通人民委員，這可能就是以其名字命名蒸汽機車的原因。

借鑒 FD 型大型貨運機車技術設計生產新型蒸汽機車，這是大連工廠成立設計科以後第一個獨立設計的產品。工廠要求用 20 個月的時間，完成三個階段的設計工作，參與這項工作的設計師達到 200 多名。整個設計組織得十分嚴密細致，實際文件圖紙均需經過四五次的審查核對。

當時的草圖設計做了三個機車設計方案，其中兩個方案的機車鍋爐有燃燒室，一個方案的機車鍋爐無燃燒室。無燃燒室的方案同有燃燒室的方案相比，煙管過長，火箱容積和火箱蒸發面較小，對完全燃

▼ FD1979 號蒸汽機車　（羅春曉攝）

燒、鍋爐蒸發率不利。工廠為尊重蘇聯專家的意見，在兩部召開的方案評審會上，只拿出了機車鍋爐無燃燒室的方案。評審會上，中國著名機車專家郎鍾馬來提出，鑒於中國燃煤火焰較長，如果鍋爐無燃燒室，燃煤在火箱裏很難得到充分燃燒，會導致長大上坡道供汽不足，影響牽引性能。郎鍾馬來極力主張採用有燃燒室方案，可惜未被蘇聯專家重視和採納。

1956 年國慶節前夕，首台國產無燃燒室大型蒸汽機車在大連機車工廠試製成功。機車構造速度每小時 80 公里，模數牽引力 324 千牛，定名「和平型」。機車編號為 HP0001 號。和平型蒸汽機車的誕生，開創了中國自行開發大功率貨運蒸汽機車的新時代。試驗表明，機車功率等級和各項技術經濟指標，均達到了當時世界蒸汽機車設計製造的先進水平。這標誌着中國在吸取國內外先進技術的基礎上，具備了自行設計製造國產大型蒸汽機車的能力。

鑒於當時設計能力和歷史原因的限制，和平型機車原樣移植了蘇聯蒸汽機車的設計理論和結構型式。儘管在蘇聯是行之有效的，但實踐證明不完全適合中國的國情。如由於煤炭燃燒不充分，導致機車鍋爐蒸發率和供氣率得不到充分發揮的問題，被中國技術專家郎鍾馬來先生不幸言中。

為了適應中國鐵路機車工業的發展需要，國家決定興建一座大型機車製造工廠。經過實地勘察，反覆比較，科學論證，確定建設代號為「四二八」的大同機車工廠。1957 年 8 月 15 日，廠區在古城大同七峰山下破土動工。隆隆的機器聲喚醒了沉睡的荒原。風華正茂的新中國第一代機車工人，人拉肩扛戰風寒，錘刨手製攻難關。在廠房尚未完全封閉，機器正在安裝、調試的情況下，開始了國產蒸汽機車的試製

工作。

　　大同廠接受獨家生產和平型蒸汽機車重任後，立即着手對和平型蒸汽機車在牽引熱工性能方面存在的問題進行了多方面的改進。經過日夜拚搏，技術攻關，和平型蒸汽機車的第一聲汽笛，終於在大同的上空鳴響。1959 年 12 月 26 日，大同廠成功生產出首台改進後的和平型蒸汽機車樣車。

　　1963 年，郎鍾馬來先生擔任鐵道部機車車輛工廠管理總局總工程師後，向鐵道部領導重提「機車鍋爐設置燃燒室」方案，建議對和平型蒸汽機車牽引熱工性能進行徹底改進。鐵道部採納了郎鍾馬來先生的建議方案，決定由新建的大同機車工廠承擔改進鍋爐設計的任務。

　　1963 年 2 月，大同機車工廠在深入調研的基礎上，提出了 A 和 B 兩個改進鍋爐的設計方案。A 方案為外火箱與鍋爐外形不變，僅內火箱增設燃燒室；B 方案為對鍋爐進行根本性改造。鐵道部技術審定會，一致同意執行 B 方案。同年 9 月，相繼完成技術設計和施工設計。1964 年 9 月 28 日，經過重大改進設計後的「新和平」型蒸汽機車，在大同工廠試製完成，車號 HP101 號。

　　1964 年 9 月，新和平型蒸汽機車試製成功。經過 4 萬多公里運用考核證明，國產蒸汽機車設計整體水平又有了新的提高，完全掌握了適合中國國情的蒸汽機車設計理論和製造技術，具備了依靠自身的力量提升機車鍋爐蒸發能力的技術水平。

　　基於試驗考核所取得的可喜成績，和平型蒸汽機車就此定型。1965 年 4 月，大同機車工廠作為和平型蒸汽機車的唯一指定廠家開始組織批量生產。

　　從此，和平型蒸汽機車成為中國幹線鐵路貨運的主力機車品種。1992 年，新和平型 101 號蒸汽機車，作為中華人民共和國機車製造工業的歷史見證，被中國鐵道博物館收藏。

從「和平」到「前進」

有意思的是，和平型蒸汽機車作為當時最先進的機車，在不斷推動蒸汽機車動力技術創新的同時，也見證了中蘇關係的友好與反目。從其名稱的不斷變換，可見非同一般。

1958 年 7 月，時任鐵道部部長滕代遠前往捷克首都布拉格，出席了第三屆社會主義國家主管鐵道部長會議。會後，滕代遠赴蘇聯和民主德國訪問。在莫斯科期間，遵照國務院的指示，滕代遠與蘇聯交通部部長商定，蘇聯將逐年更換下來的總計 1050 台「ФД 型」蒸汽機車（又稱 FD 型），定名為「友好型」，無償援助中國。這些機車是伏洛希洛夫格勒機車製造廠分別於 1930、1931、1938 和 1941 年製造的，使用年限不一。其特點是 5 對大動輪、汽缸直徑大、牽引力大，適合幹線貨運列車牽引。而且機車性能好，皮實耐用，頗受那個年代火車司機的喜愛。

蘇聯友好型蒸汽機車陸續到達後，大同機車工廠結合生產和平型蒸汽機車的成功經驗，對蘇聯舊型機車進行了適應性改造。首先，改造了軌距，將 1.54 米寬軌，改為 1.435 米標準軌；其次，汽門改在了左側，與國內機車統一；第三，回動機（逆轉機）改為拉動試。由此，形成了具有中國特點的比較完整的大型貨運蒸汽機車技術體系和生產體系。

爾後，鑒於國產和平型蒸汽機車技術和結構，本來就源自於蘇聯友好型蒸汽機車，為了方便兩類機車的統一維修與使用，國產和平型機車統一為「友好型」。大同廠作為友好型蒸汽機車的唯一指定廠家，不斷完善設計製造流程，採用了一系列新技術、新材料，進行批量生產。

中蘇關係破裂後，蘇聯單方面撕毀援助協議，逼迫中

▲ 前進型 7119 號蒸汽機車 （羅春曉攝）

國還債。就連那些淘汰下來的友好型蒸汽機車，也要照價償還。1966年，「文革」開始後，「友好型」被更名為「反修型」。1971 年，珍寶島之戰後，又改名為「反帝型」。緊接着，又定名為「前進型」，取「革命是人類歷史前進的火車頭」之意。自此，包括老、新和平型機車在內，在中國凡是輪式為 5 對紅色大動輪的蒸汽機車，一律統稱為「前進型」。

從 20 世紀 60 年代初開始，大同工廠成為了國產蒸汽機車最大的生產基地。一台台質量優良的蒸汽機車，駛向祖國的四面八方。在逐步加大批量生產的同時，廣大技術人員的聰明才智得到充分發揮，技術創新成果不斷湧現。其中較為重大的技術創新有：機車矩形通風裝置改造、機車綜合系統改造等。

1964 年，大同工廠重新設計了前進型機車的鍋爐，增設了機車兩邊的擋煙板，使機車更加威武雄壯、性能優良。1968 年 11 月，前進型機車新 6 軸煤水車投入批量生產。通過對前進型機車的不斷研究和改進，中國不但完全掌握了傳統蒸汽機車的設計理論，而且做到擺脫傳統束縛，進行更深層次的理論探討，並付諸實踐。中國鐵路人為國產蒸汽機車製造業的發展，乃至豐富世界蒸汽機車理論寶庫都做出了重大貢獻。

　　經過不斷技術升級的前進型蒸汽機車，具有輪周功率大、牽引性能好、省煤省水、司乘人員勞動條件好等特點，達到了世界蒸汽機車的先進水平。其先進性表現在：一是鍋爐為內火箱無燃燒室的全電焊結構；二是採用鑄鋼汽缸、分動式汽閥和工字型滑板十字頭，主要運動桿件均採用滾動軸承；三是採用自動調整楔鐵裝置，安裝了黏着重量增加器；四是煤水車底架及水櫃採用全電焊結構，增加了加煤機、推煤機和風動搖爐器。

　　1988 年 12 月 21 日，是中國蒸汽機車史上一個值得

▼ 前進型 6423 號
蒸汽機車
（陳海濤畫）

載入史冊的日子。這一天，世界最後一座大規模製造蒸汽機車的工廠——大同機車工廠，在最後一台編號為前進型 7207 號蒸汽機車下線後，舉行了簡短的「告別蒸汽機車生產時代」儀式，鄭重宣告中國製造幹線大型蒸汽機車的時代結束，也標誌着中國迎來了內燃、電力機車生產的新時代。

至此，中國共生產包括和平型、友好型、反修型、反帝型和前進型五種名稱在內的前進型蒸汽機車，共計 4714 台，佔國產蒸汽機車的一半，最高年產量達 325 台。大同、瀋陽、長春、唐山、牡丹江等機車工廠都參與了前進型蒸汽機車的製造生產。此外，還有在前進型蒸汽機車基礎上衍生的一些特殊用途的機車，如前進型寬軌蒸汽機車、燃用煤氣「前進 2 型」機車、波特爐前進型機車等。

到 1988 年底，前進型蒸汽機車遍及全國 18 個鐵路局，共計 100多個機務段及路外 40 餘個單位，為中國的建設、國民經濟的發展做出了重大貢獻。前進型蒸汽機車的總產量成為世界單一型號之最。可以用一句話總結這段歷史：前進型機車達到世界蒸汽機車技術最高峰，它是世界鐵路蒸汽機車最後的輝煌。

蒸汽機車具有製造成本低、使用年限長、駕駛和維修技術較易掌

▲ 前進型機車駛出錫林浩特站 （楊智剛攝）

握、對燃料的要求不高等優點。然而，也有熱效率很低的致命缺點。鍋爐燃燒的熱量只有一部分轉變為熱能，效率一般為 50%~80%。蒸汽做功，汽機效率只有 10%~15%。此外，在汽機到輪周的力的傳遞中，機械效率為 80%~95%。因此，蒸汽機車的最高熱效率只有 8%~9%，而且在車站停車、機務段整備、停留等仍需消耗燃料，所以實際熱效率只有 5%~7%。

到 20 世紀 80 年代末，隨着經濟社會的發展進步，經過自然過渡，內燃機車、電力機車在中國幹線鐵路逐步取代了蒸汽機車。淘汰的蒸汽機車，或在鐵路支線運營，或在車庫裏閑置。

蒸汽機車從輝煌走向了黃昏。

蒸汽機車的夕陽歲月

曙光與晚霞誰最美？這是一個美學命題。曙光是太陽的光輝，晚霞也是太陽的光輝。日出日落，構築起一個個美麗的輪迴。而每一個輪迴，都是一個新的世界。

夕陽西下，晚霞鋪地，茫茫的內蒙古大草原上，噴吐着白霧的蒸汽機車隆轟轟地開來，又隆轟轟地遠去，消失在草原鐵路的深處……蒸汽機車的壯麗畫卷，如今只能在攝影作品中回顧了。

20 世紀 80 年代末，隨着經濟社會的發展進步，中國鐵路幹線的蒸汽機車逐步被內燃機車、電力機車所取代。

1995 年，內蒙古自治區的集通鐵路公司為了減少運營成本，決定使用淘汰的舊蒸汽機車。他們先後從全國各地收購了 120 台舊的前進型蒸汽機車，作為草原鐵路的牽引

動力。一條不足千公里的地方鐵路線，成為一座流動的蒸汽機車博物館。穿梭來往的蒸汽機車在大草原的映襯下，成為一道亮麗、迷人的風景。

2005 年 12 月 8 日，前進型蒸汽機車在集通鐵路線上進行最後一趟運行。這一天，鐵道邊出現了許多中外遊客，他們手持照相機或攝像機，見證中國鐵路幹線上最後一台前進型蒸汽機車的告別。自此，蒸汽機車在中國幹線鐵路完全退役，只有在一些礦區、林區的小鐵路上，才能偶爾聽到蒸汽機車頑強的喘息聲。

早在 1960 年至 1977 年間，蒸汽機車相繼在美國、西歐國家、日本和蘇聯等國停止使用。在印度、南非等一些不發達國家，蒸汽機車仍佔鐵路機車的一半以上。

蒸汽機車的退出，引發了許多人戀戀不捨的懷舊心理。2006 年 9 月 14 日，為紀念密西西比河首座鐵路橋建成 150 周年，美國伊利諾依州岩島市舉行了一系列火車遊覽項目。其中，有一項是前進型蒸汽機車首運儀式。總部位於匹茲堡的鐵道開發有限公司，特地從中國購買了前進型 7081 號、6988 號兩台蒸汽機車。這兩台機車於 2005 年 12 月 8 日在中國退役。運到美國，通過綜合試驗考核後，點火試驗，獲得成功，開始擔當艾奧瓦州際鐵路貨運列車牽引任務，每天吸引着無數美國車迷沿途跟蹤和拍攝。沿線許多美國民眾以懷舊的心情，注目中國蒸汽機車飛馳的勢態，欣賞蒸汽機車最後的偉岸與輝煌。

人們懷念騰雲駕霧的蒸汽機車，欣賞和收藏蒸汽機車成為一個非常有意義的話題，親近它、喜歡它的粉絲很多。在這個內燃機車、電力機車普遍缺乏線條感的時代，蒸汽機車有棱有角，給人一種別樣的美感。在西方發達國家，早就形成了一股蒸汽機車懷舊熱潮，成立了眾多的火車迷組織。在中國也擁有相當一批火車迷，成立了自己的組織和網站，湧現出一大批蒸汽機車車模收藏家。

蒸汽機車作為工業時代的標誌，它的終結，標誌着一個舊時代的結束，一個新時代的來臨。

第二章

內燃機車轟鳴高歌

國產「東風型」內燃機車是一個龐大的家族。在很長一個時期裏，它都是中國鐵路幹線的主型機車。

1958 年，中國開啟了內燃機車研製的新征程。60 年來，中國內燃機車工業經歷了「早期試製、定型生產、自主開發、引進創新」四個階段，累計生產內燃機車達 18000 多台。以「巨龍型」「衛星型」試製產品為突破口，相繼形成了「東風型」第一代產品、「東風 4 型」系列第二代產品，以及「和諧 5 型」大功率內燃機車第三代產品。

隨着鐵路高速化和重載化進程的加快，以及承載式車體、靜液壓驅動等新技術的運用，「東風 4B 型」系列內燃機車成為中國鐵路運用最廣泛、技術最成熟的內燃機車。「東風 11 型」客運內燃機車時速達到 160 公里。

進入新世紀，「和諧 5 型」大功率內燃機車成為具有世界先進水平的最新一代內燃機車，樹立起中國內燃機車的新豐碑。

▶ 東方紅 21 型米軌機車 （羅春曉攝）

1956 年，鐵道部《鐵路十二年科技發展規劃》明確提出：「技術政策的中心環節是牽引動力的改造，要迅速地有步驟地由蒸汽機車轉移到內燃機車和電力機車上去。」

20 世紀 50 年代中期，中國開始自主設計製造內燃機車，「巨龍型」「衞星型」「先行型」和「建設型」等多種型號的內燃機車相繼問世。由於當時國產柴油機處於試製階段，導致內燃機車性能不過關，不可能組織批量生產。然而，正是這個必要的過程，為國產內燃機車工業積累了寶貴經驗，儲備了技術與人才。

內燃機車史話

早在 1892 年，德國誕生了世界上第一台用油作燃料的火車頭。它的功率只有 8 馬力，遠沒有達到實用的水平。5 年後，一位名叫魯道夫·狄塞爾的德國人，靠智慧和毅力，設計出了世界上第一台功能完善的柴油發動機。

1914 年，到一戰爆發時，狄塞爾設計的柴油機已經相當成熟，成為各國潛艇的主要動力。緊接着，狄塞爾的柴油機被廣泛應用於鐵路機車、汽車、礦山和工廠。

有資料表明，是魯道夫·狄塞爾和沃爾納·西門子這兩個德國人，讓火車走出了蒸汽機車的濃濃煙霧，實現了以電動機、內燃機為動力的火車頭革命。

1923 年，德國試製成功機械傳動小功率柴油機車。經過不斷改進，於 1925 年正式投入使用。一年後，蘇聯成功研製出世界第一台電力傳動內燃機車。同年，德國用柴油機和空氣壓縮機配接，利用柴油機排氣餘熱加熱壓縮空氣代替蒸汽，將蒸汽機車改裝成為空氣傳動內燃機車。

1925 年，美國第一台 220 千瓦電傳動內燃機車投入運用，從事調車作業。進入 30 年代，大功率內燃機車相繼問世，出現了功率為 900~1000 千瓦單節機車多節連掛的幹線客運內燃機車。第二次世界大戰後，因柴油機的性能和製造技術迅速提高，內燃機車多數配裝了廢氣渦輪增壓系統，功率比戰前提高約 50%。

　　到了 20 世紀 50 年代，內燃機車技術進入成熟階段，製造數量急驟增長，極大地提升了鐵路運輸效率。由此，世界鐵路進入內燃機車時代。

　　顧名思義，內燃機車就是以內燃機作為原動力，通過傳動裝置驅動車輪在鋼軌上運行的熱力機車。內燃機是指燃料在機器內部燃燒而產生動力，那麼外燃機就是燃料在機器外部燃燒而產生動力，如蒸汽機。兩者相比，內燃機要比外燃機的熱效率提高了三四倍。

　　就內燃機的工作原理來說，內燃機車與汽車、拖拉機沒什麼區別。但作為一列拉動幾千噸貨物快速行駛的火車來說，它和汽車、拖拉機又有着極大的不同，主要表現在能量傳遞方式上。內燃機車的傳動裝置，可分為電力傳動、液力傳動和機械傳動。電力傳動的內燃機車，其柴油機是用來發電的，然後通過牽引電機來驅動機車動輪；液力傳動的內燃機車，沒有發電機，利用液壓泵將柴油機的機械能轉換為液體的壓力能，通過液體壓力能的變化來傳遞能量，推動車輪行駛。液力傳動的內燃機車功率和牽引力都比電傳動的小。機械傳動內燃機車，類似汽車傳動結構，直接通過變速齒輪驅動輪子，只適應小功率內燃機車。

　　目前，世界上最先進的內燃機車一般採用的是電力傳動方式，俗稱「電傳動內燃機車」。電傳動內燃機車又按電傳動的方式不同，分為「直流—直流」傳動、「交流—直流」傳動和「交流—直流—交流」傳動三種模式。

　　以「交流—直流」電傳動內燃機車工作程序為例：柴油機啟動

後，燃油在氣缸內燃燒，將熱能轉換為由柴油機曲軸輸出的機械能，帶動一台大功率主發電機發電，發出的三相交流電經主整流櫃整流，變成直流電，再平均分配到六台直流牽引電動機。電動機通過齒輪，驅動機車動輪在軌道上運轉。

司機在駕駛室所做的操作，就是決定主發電機什麼時候發電，什麼時候不發電。機車的輸出電功率與柴油機的輸出功率是自動匹配的。需要反向運行的時候，只需改變直流牽引電動機內的電流方向即可。

現代內燃機車一般採用四衝程高速或中速柴油機。為滿足各種功率的需要，在製造柴油機時，便生產相同汽缸直徑和活塞衝程、不同汽缸數的系列產品。小功率的多為直列型，大功率的一般都是 V 型等。所謂直列型，是指柴油機的汽缸垂直排列，而 V 型是指汽缸成 V 型排列。各種柴油機都用一定的型號來表示，如 16V240ZL 型柴油機，表示16 個汽缸 V 型排列，缸徑 240 毫米，設有渦輪增壓器和中間冷卻器。

內燃機車的基本構造是由柴油機、傳動裝置、車體、走行部、輔助裝置、制動設備、控制設備等部分組成的。內燃機車的走行部採用構架式轉向架的形式。轉向架主要承受機車上部重量，傳遞牽引力和制動力，以及緩和、吸收來自線路的各種衝擊和振動，保證機車安全平穩地運行。

內燃機有燃氣輪機、汽油機和柴油機之分。由於燃氣輪機車的效率低於柴油機車，以及耐高溫材料成本高、噪聲大等原因，其發展落後於柴油機車。而汽油機振動小、轉速高，只適用於轎車和輕型車輛。而柴油機具有功率大、經濟性能好的優勢。由此，我們常說的內燃機車概念，實際上指的是柴油機車。

與蒸汽機車比，內燃機車具有燃料利用率高、載重能力強、乘務員勞動強度輕等優點，適用於幹線運輸、缺水地區和調車之用。缺點是噪聲大，排放的廢氣會影響環境。內燃機車的明顯優勢，決定了它終究要替代蒸汽機車。

「巨龍」一馬當先

查閱資料得知，舊中國鐵路共有 185 台窄軌內燃機車和內燃機動車運行，主要用於專用鐵路和森林鐵路。至新中國建立前夕，只有 46 台內燃機車在幹線鐵路上運行，全都為國外產品。

中華人民共和國成立之初，鐵道部提出了「內燃、電力機車並舉，以內燃為主」的工作方針。1956 年至 1957 年間，大連機車車輛廠曾先後派出兩批技術人員赴蘇聯考察，學習內燃機車的設計製造技術，並於 1957 年秋組成內燃機車設計組，開始新型電傳動柴油機車的研製工作。

1958 年 6 月 20 日，大連廠舉行隆重的誓師大會，提出要在當年國慶節前製造出第一台內燃機車的目標。在蘇聯專家的指導下，參照蘇聯 ТЭ3 型柴油機車的設計，大連廠很快完成了全部設計工作。同年 9 月 26 日，試製出兩台幹線客貨運內燃機車，採用直流電力傳動，兩台機車可以重聯，構造速度為每小時 100 公里。定型為「巨龍型」0001 號、0002 號。

當時，中國還不能生產柴油機，巨龍型內燃機車裝用的柴油機是從蘇聯進口的報廢潛艇上拆下的。每台機車由兩節結構相同的 2Д100 型二衝程中速柴油機聯掛組成，單機功率為 1471 千瓦，兩台持續功率為 4000 馬力。如此大的功率，在當時中國運用機車中是當之無愧的「機車王」。

1959 年 9 月 29 日午夜，經過一年的調整改進，巨龍型內燃機車

▲「巨龍號」內燃機車牽引旅客列車駛出北京站

從大連啟程，10 月 1 日凌晨到達北京。國慶節期間，巨龍型內燃機車與戚墅堰機車車輛廠的先行型內燃機車、青島四方機車車輛廠的衛星型內燃機車，以及株洲機車車輛廠的韶山型電力機車，一同在北京展覽館展出。

1960 年 3 月，巨龍型內燃機車在瀋大鐵路大連至大石橋間進行牽引運行試驗。隨後，巨龍型內燃機車配屬北京鐵路局北京內燃機務段進行運用試驗。

由於國產柴油機性能不過關，也不可能再從蘇聯舊潛艇上拆卸柴油機，「巨龍號」內燃機車未能批量生產。儘管如此，巨龍型作為中國首批自製的內燃機車，對國產內燃機車的研發製造具有開創性意義。

1963 年，大連廠和大連熱力機車研究所聯合對巨龍型內燃機車進行了一系列的試驗改進。參照蘇聯ＴЭ3 型內燃機車圖紙，完成了定型和圖紙整頓工作。這年 12 月，中國第一台 1323 千瓦直流電傳動幹線貨運內燃機車在大連廠下線，立即投入了批量生產。同年 9 月，大連廠又試製出第二台新型內燃機車。1965 年，鐵道部將經過改進後的巨龍型機車定型為「ND 型」內燃機車。

1972 年，巨龍型 0001 號內燃機車退役。經鐵道部批准，轉配吉林鐵路局吉林水電段，改裝成裝機容量 1000 瓦的發電車作為鐵路備用發電設施。1988 年，又轉配到哈爾濱鐵路局海拉爾鐵路分局伊圖里河水電段，至 2000 年代初報廢。

「衛星」冉冉升起

「衛星型」客運內燃機車是中國首台液力傳動內燃機車。

1958 年 7 月，四方機車車輛廠開始試製液力傳動內燃機車。工廠派出技術人員赴上海、大連、哈爾濱等地，向有關企業和院校學習

取經。經過晝夜奮戰，終於設計出圖紙，並投入生產。

經過 55 天的攻關，到 1958 年 9 月 22 日，四方廠試製出液力傳動內燃機車樣車。在此基礎上，四方廠與鐵道科學研究院、上海交通大學、北京工業學院等院校通力合作，於 1959 年 9 月，中國第一台液力傳動內燃機車在四方廠成功下線。四方廠將這台液力傳動內燃機車命名為「衛星型」。車型代號 NY1，「N」代表內燃機車、「Y」代表液力傳動、「1」代表第一種型號。當時許多媒體欣喜地報道稱：衛星冉冉升起。

1959 年第 12 期《人民畫報》封面上，國產衛星型內燃機車從北京火車站徐徐開出。衛星型內燃機車的試製成功，填補了中國沒有大馬力液力傳動內燃機車的空白。

研讀當年的史料，在衛星型內燃機車的研製過程中，顯然多方面參考了聯邦德國、民主德國的內燃機車製造技術，尤其是柴油機及傳動裝置。衛星型內燃機車裝用兩台仿聯邦德國的 12V175Z 型柴油機，是德國戴姆勒 - 奔馳公司 MB820Bb 型柴油機的仿製產品，而液力傳動裝置則採用了仿福伊特公司的三級多循環圓液力變扭器，裝車功率 2×1000 馬力。構造速度為時速 140 公里，起動牽引力 270 千牛，車重 84 噸。由上海柴油機廠、上海內燃機研究所、上海交通大學、無錫動力機廠共同試製。

據經歷者介紹，就機車液傳動方式的選擇，當時曾有過一場爭論。是採用福伊特型多循環圓結構型式，還是採用邁巴赫公司的米基德羅型單循環圓複合式？鑒於福伊特型結構相對簡單、維護方便，且換擋時對牽引力影響較小，最終被採用。

1960 年初，首台衛星型內燃機車（NY1-0001）交付北

京鐵路局北京內燃機務段試用。衛星型內燃機車共製造 4 台，由於未能完全達到原設計要求，沒有批量生產，但無疑為國產內燃機車的設計製造積累了寶貴的經驗。

齊頭並進展風采

與巨龍型、衛星型同齡的，還有先行型、建設型、先鋒型等多種型號國產內燃機車。由於技術上的原因，都只是曇花一現，不可能批量生產。

1958 年，戚墅堰機車車輛廠成功推出了「先行型」直流電傳動客貨內燃機車。從設計到試製成功，僅花了五個多月的時間。機車柴油機是仿聯邦德國 12V175 型高速柴油機。先行型內燃機車僅試製了一台，在滬寧線上進行了試運行。這一年，戚墅堰廠還試製了一台 735 千瓦的「先鋒型」液力傳動內燃機車。這兩台機車都沒有正式出廠。

戚墅堰廠是個百年老廠。1898 年，清朝政府以官款建成。史料印證，從創建直至中華人民共和國建立前夕，戚墅堰廠只是一個機車修理大作坊。伴隨着新中國的成長步伐，1955 年，戚墅堰廠開始生產敞車、棚車，後又製造建設型蒸汽機車，再到 1958 年研製柴油機、生產出首台先行型內燃機車。

2015 年 3 月 13 日，戚墅堰公司作為百年老廠和國產內燃機車研發製造基地，舉辦了第四屆「車迷有約」活動，讓眾多車迷們眼界大開。一台 1906 年英國製造的 3 米多高的聯合剪衝機，是中國第一代製造火車頭配件的機器。一台 1927 年的日本插床機，是當時日軍侵華時帶來的。據介紹，當時吳淞機廠長期被日本控制，引進了許多日本設備。

1997 年 4 月 1 日，中國鐵路實施第一次大提速，由戚墅堰廠自

主研發的「先行號」DF11 型大功率內燃機車衝鋒在前。顯然，先行號大功率內燃機車，建立在 40 年前先行型內燃機車的基礎上，站在了新型內燃機車的新高度。自此，中國鐵路前五次大提速中，戚墅堰廠研製生產的 DF11 型、DF8B 型、DF11G 型內燃機車都擔當了主力牽引重任。

20 世紀 50 年代末，北京長辛店機車車輛廠曾製造過「建設型」內燃機車。他們借調來一台匈牙利進口的 ND1 型機車做樣機，成立了內燃機車辦公室，統籌試製工作。唐山鐵道學院、北京鐵道學院和北京工業學院的師生們也趕來協助解體、測繪。

1956 年，中國從匈牙利的岡茨馬瓦格公司進口了 24 台 DVM2-2K 型電傳動內燃機車，定型為 ND1。岡茨馬瓦格公司的內燃機車製造技術在那個年代位居世界前列。

1958 年 9 月 9 日，國產建設型直流電傳動內燃機車在長辛店廠下線，實現了中華人民共和國內燃機車零的突破。柴油機裝車功率為 441 千瓦，是仿 ND1 機車的 16JVI70/240 型高速柴油機。機車自重 60 噸，屬於調車用機車。試運行時最高時速達到 85 公里。

何為「零」的突破？從時間上來看，建設型內燃機車的問世要比巨龍型、衛星型內燃機車分別早 18 天和 13 天，理應是中華人民共和國「第一台」內燃機車。然而，由於不是幹線機車，在許多相關的記載中，建設型內燃機車的出現，都屈居巨龍型、衛星型內燃機之後。

綜上所述，1958 年至 1959 年間，中國先後有四家機車工廠試製出六種型號共 12 台內燃機車。採用的柴油機有高速、中速，傳動方式有液力傳動、電力傳動，但都處於試製的探索階段。由於倉促上馬，這些機車的性能、質量均有不

足，未能批量生產。只有衛星型、巨龍型內燃機車得到延續發展，成為真正可以運用並投入批量生產的國產第一代內燃機車。

新中國生產的火車頭，必然會重重地打上時代的烙印。就內燃機車的命名，可見一斑。1957 年，毛澤東主席在講話中說：「中國有句成語：不是東風壓倒西風，就是西風壓倒東風。我認為目前形勢的特點是東風壓倒西風，也就是說，社會主義的力量對於帝國主義的力量佔了壓倒的優勢。」正是這句名言，巨龍型內燃機車被命名為「東風型」。緊接着，衛星型內燃機車被命名為「東方紅型」。稍後問世的「北京型」內燃機車，也都閃爍着時代的光芒。

20 世紀中期，國產內燃機車革命風起雲湧，研製工作多路推進。經過科技檢驗和實踐考驗，最後只有東風型、東方紅型和北京型三種型號內燃機車，定型獲准批量生產。由此，「三駕馬車」構築起了國產第一代內燃機車大舞台，在很長時間內都是中國鐵路的主型機車。

如果說，20 世紀 50 年代，是中國內燃機車工業的準備期和前奏曲，那麼 60 年代至 70 年代初，則是國產第一代內燃機車的成長期和活躍期。以東方紅 1 型內燃機車批量生產為標誌，中國鐵路進入了蒸汽機車與內燃機車並存的準內燃機車時代。

大連「機車搖籃」

探索中國內燃機車工業的奧秘，就不得不說大連機車車輛公司，而且故事很多。

公司內有一幢三層紅磚樓房，這就是大連機車車輛廠著名的紅樓。20 世紀 50 年代，一批來自北京的機車設計工程師們住在這個樓裏，拉開了中國內燃機車工業的帷幕。

傅景常工程師當年住在紅樓，是中國機車工業的標誌性

人物。1945 年，他赴美國實習鐵路技術，1956 年至 1957 年又在蘇聯考察內燃機車製造技術。他參與設計了國產多個型號的蒸汽機車，主持了巨龍型內燃機車的技術設計和施工設計。馮翰湘工程師在蘇聯學習內燃機車製造，回國後主持了東風 1 型、東風 4 型、東風 5 型等電傳動內燃機車電氣部分的工作。趙南工程師擔任過機車廠總工程師，他是國產柴油機車設計的學術帶頭人。

工程設計是工業產品的靈魂，是最有創造性的核心成分。眼下，大連機車車輛公司製造的火車頭奔馳在世界各地。在中國大江南北，無論普鐵、高鐵，無論輕軌、地鐵，都有大連公司製造的機車和車輛。萬丈高樓平地起，紅樓第一代人的艱苦奮鬥，築牢了中國機車發展的堅實基石。

當時，鐵道部確定了「高速柴油機和中速柴油機並舉，電傳動和液力傳動並舉」的內燃機車工業發展方針，要求大連廠加快研製國產化柴油機。科研部門建議，仿製蘇聯哈爾科夫運輸機械製造廠最新型的 12Д70 型 3000 馬力四衝程柴油機，但鐵道部考慮到中國薄弱的工業技術基礎，認為研製這種柴油機難度太大。而蘇聯 2Д100 型柴油機較成熟，並有樣機和整套設計圖紙，可以較快上馬，最終確定由大連廠仿製 2Д100 型柴油機。

1961 年，大連廠根據蘇聯提供的 2Д100 型柴油機圖紙，完成了柴油機的定型和圖紙梳理工作，並決定將裝車功率降至 1800 馬力，以確保柴油機的耐久性和可靠性。1962 年底，大連廠試製生產的首台 10L207E 型柴油機完成組裝。次年，又試製成功了二衝程 10 缸直列 10L207E 型中速柴油機。

與此同時，由哈爾濱電機廠等機構組成的聯合設計組，參照 TE3 型內燃機車的電力傳動系統，於 1963 年底成功試製出國產電力傳動系統，包括一台 1350 千瓦的直流主發電機和六台 204 千瓦的直流牽引電動機。並順利通過了 100 小時可靠性試驗。

1964 年 12 月，經鐵道部及相關機構組成的委員會鑒定後，鐵道部批准國產 10L207E 型柴油機投入批量生產。1965 年 3 月，大連機車車輛廠停止蒸汽機車修理業務，轉為批量生產內燃機車，定型為「ND 型」。到年底，就生產了 20 台。ND 型內燃機車具有較為成熟的理論設計，實際運用的良好效果，為日後定型「東風型」內燃機車做好理論上和實踐上的準備。

「東風型」的問世

1966 年 9 月，ND 型內燃機車正式定型為「東風型」。

ND 型內燃機車得益於「巨龍型」基因，是經過改進完善後的產物。自此，中國電傳動內燃機車開始了「東風」家族生產、運用的歷史。

東風型是東風系列內燃機車的第一種車型。儘管官方並沒有正式命名「東風 1 型」，但是人們習慣稱之「東風 1 型」。不可否認，它是中國第一代電傳動內燃機車的代表性車型。

東風 1 型幹線貨運內燃機車，標稱功率 1500 千瓦，最高時速 100 公里。採用單司機室的非承載式結構棚式車體，可以單節運行亦可兩台雙節聯掛。當兩台機車重聯使用時，可由任何一台機車的司機操縱。

1964 年，東風 1 型內燃機車投入批量生產。截至 1972 年停產，大連機車車輛廠、成都機車車輛廠、大同機車廠、戚墅堰機車車輛廠累計生產了 706 台東風 1 型機車。它曾經是中國鐵路運輸的動力主力軍，盡職盡責 40 年，被火車迷們尊稱為「老東風」。

▲ 東風 2 型內燃機車 （羅春曉攝）

　　在東風 1 型批量生產之前，鐵道部就已經盯準了更高目標，成立了「大功率牽引動力內燃化、電氣化領導小組」，確定由戚墅堰廠生產 6L207E 柴油機和大功率調車內燃機車。

　　1964 年 5 月，戚墅堰廠研製出第一台 6 氣缸直列式 6L207E 型二衝程柴油機。這一年 10 月，戚墅堰廠成功研製 ND2 型調車內燃機車。機車標稱功率 650 千瓦，最高時速 95 公里。適用於大型樞紐車站、編組場調車作業和區間小運轉作業。1966 年 9 月，ND2 型內燃機車定型為「東風 2 型」。

　　事隔不久，戚墅堰廠在東風 2 型調車機車的基礎上，試製出東風 2 增型幹線客、貨運兩用內燃機車。機車配置的 6L207E 型柴油機加

裝增壓設備，功率提高到 1800 馬力，並改用與東風型內燃機車相同的棚式、內走廊、單司機室車體。1964 年至 1974 年間，戚墅堰廠累計製造東風 2 型內燃機車 148 台。

1969 年起，為了滿足旅客列車牽引動力內燃化的需要，大連廠在東風 1 型貨運機車的基礎上，改進完善，重在提速，着手設計製造客運型機車，最高時速從 100 公里提高到 120 公里，定型為「東風 3 型」。

與東風 1 型相比，東風 3 型外形和構造基本相同，只是牽引齒輪的傳動比不一樣而已。正是因為改變了機車的牽引齒輪傳動比，使機車構造速度提高了 20 公里。同時，加深了牽引電動機的磁場削弱係數，並更改了制動系統的制動倍率。

東風 3 型客運機車於 1972 年投入批量生產。除了大連廠外，戚墅堰廠、成都機車車輛廠、大同機車廠也都相繼組織生產東風 3 型機車，總產量超過 930 台。

由於牽引功率滿足不了需要，自 20 世紀 70 年代後期開始，東風 3 型內燃機車逐步被其他性能更好的客運內燃機車所取代。進入了 21 世紀，東風 3 型內燃機車基本完成淘汰。

專家認為，依據電傳動方式劃分，東風 1 型、東風 2 型、東風 3 型內燃機車均屬於「直流─直流」電傳動方式，即機車柴油機發出直流電，帶動直流電機運轉，由直流電機驅動機車動輪。這種傳動方式為國產「東風」系列內燃機車第一代產品。

東風型國產第一代內燃機車，曾經是中國鐵路內燃機車牽引動力的主力機車。20 世紀 60 年代至 80 年代，廣泛運用於中國主要鐵路幹線，以及線路坡度大、長隧道較多的西南地區。在西北戈壁荒漠、東北大興安嶺等乾旱缺水地區，

也都留下了東風車的第一代身影。

　　隨着貴昆、湘黔、川黔、成昆鐵路相繼完成電氣化改造，20 世紀 90 年代初，西南地區的東風 1 型內燃機車逐步退居二線，由幹線牽引列車轉為擔當區間小運轉或調車任務。至 90 年代後期，東風 1 型內燃機車除了主要用於調車作業外，仍然有少數用於西南地區的鐵路幹線。1998 年，以襄渝鐵路全線完成電氣化改造為標誌，東風 1 型內燃機車壽終正寢。

「東方紅」的故事

　　1970 年 4 月 24 日，中國自行設計、製造的第一顆人造地球衛星「東方紅一號」成功發射升空。浩瀚宇宙，茫茫太空，中國衛星環繞地球，用 20009 兆周的頻率，播送《東方紅》樂曲。《東方紅》是一首表達對毛澤東主席和中國共產黨的感激之情的民歌，在 20 世紀六七十年代幾乎人人會唱。自此，《東方紅》美妙的樂曲聲響徹宇宙，傳遞着人類的福音。

　　1960 年初，首台衛星型內燃機車交付北京內燃機務段試用。此後，四方機車車輛廠對衛星型內燃機車進行了長達 7 年的試驗和跟蹤改進。先後重新設計改進了液力變速箱、中間齒輪等。1962 年底，四方廠成功試製出第二台衛星型內燃機車。繼而又開始了漫長的試驗和改進完善過程。

　　1966 年 1 月，從第五台衛星型內燃機車開始，正式定型為「東方紅 1 型」液力傳動內燃機車，投入批量生產。代號為「DFH」，即「東方紅」三字拼音聲母的縮寫，由此開啟了「東方紅」家族液力傳動內燃機車的歷史。

　　東方紅 1 型內燃機車是中國第一代液力傳動柴油機車代表車型。裝用兩台 669 千瓦的仿聯邦德國 12V175 型高速柴油機，以及兩台三

▶ 東方紅 1 型內燃機車
（羅春曉攝）

變扭器的 SF3010-1 型液力傳動裝置。與衞星型內燃機車相比，裝車功率由 1000 馬力提高至 1050 馬力。按雙機聯掛設計，也可以單機使用。採用經過改進的 SF3010-1 型液力變速箱，重新設計了機車頭部外形，取代了之前使用的流線型車頭，簡化了結構和生產過程，改善了駕駛瞭望條件，司機室更為寬敞明亮。

20 世紀 60 年代至 80 年代初，東方紅 1 型內燃機車一直為京山鐵路、瀋山鐵路的主力客運機車。通常採用雙機聯掛方式，主要牽引北京至瀋陽區段的旅客列車、國際列車以及領導人專列。1973 年，東方紅 1 型內燃機車停止生產。

1966 年，在東方紅 1 型的基礎上，資陽內燃機車廠與四方廠共同設計製造了新型客運內燃機車，定型為「東方紅 2 型」。機車功率為 1470 千瓦，只試製了一台。1973 年，資陽廠將東方紅 2 型改為液力傳動調車內燃機車，重新組織生產。機車採用 12V180ZJ 型柴油機，標稱功率 650 千瓦，最高時速 62 公里。

東方紅 2 型內燃機車最初並非按幹線調車機車設計，原本打算僅供路外廠礦企業使用，但後來大部分配屬給了鐵路局擔當幹線車站調車任務。然而，機車乘務員普遍反映調車作業時「拉不動、停不住、跑不快」，主要原因是機車設計速度較高，而機車僅重 60 噸，黏着重量不足。

1969 年，四方廠設計試製出大功率新型液力傳動客運機車。裝用兩台 16V200ZL 型高速柴油機，功率達到 3234 千瓦，定型為「東方紅 4 型」。1972 年，戚墅堰廠試製出 3309 千瓦的客運機車，裝用兩台 16V200ZL-2 型柴油機，也定型為東方紅 4 型。而後，資陽廠也試製了三台東方紅 4 型貨運機車。這三家工廠生產的三種東方紅 4 型內燃機車，均

配屬給機務段上線運用。由於機車品質較差，不受運用部門的歡迎，都未能批量生產。

到了 1970 年，二七機車廠設計試製出雙機組「北京型」液力傳動貨運內燃機車。裝有兩台 12V240ZJ 型中速柴油機，機車功率達到 4410 千瓦。很快投入正式運行，成為當時世界上功率最大的液力傳動內燃機車。

次年，四方廠傳出捷報，新型液力傳動客運內燃機車下線。這是建立在東方紅 2 型內燃機車基礎上的改進版，動力裝置為兩套相同機組，可以獨立或同時工作。裝車功率 1985 千瓦，機車最高時速 120 公里。運用試驗表明，總體性能達到要求。1976 年 1 月，正式定型為「東方紅 3 型」內燃機車，並投入量產。

1976 年 4 月，「東方紅 5 型」內燃機車由資陽內燃機車廠試製成功，並投入批量生產。東方紅 5 型內燃機車由東方紅 2 型改進而來。

▼ 東方紅 3 型內燃機車 （羅春曉攝）

▲ 東方紅 5 型內燃機車 （羅春曉攝）

與之相比，機車整備重量由 60 噸增加到 86 噸，增設了中間齒輪箱，通過充排油換擋可實現調車及小運轉兩種工況，構造速度分為時速 40 公里、80 公里兩個擋，以適用於調車和小運轉用車。機車起動牽引力、持續牽引力比東方紅 2 型分別提高了 43%、67%。

首台東方紅 5 型機車出廠後，分別在成都、豐台西、天津等車站進行了調車作業和小運轉作業試驗。試驗結果顯示，機車的性能有了較大改善，牽引 2400 噸調車作業時速可達 20 公里。駝峰推送能力從 2300 噸提高到 3300 噸，滿足了小運轉作業時牽引 600 噸正線運行的需要。

1985 年，資陽廠對東方紅 5 型內燃機車進行了改進，研製東方紅 5B 型、東方紅 5C 型內燃機車。柴油機裝車功率由 790 千瓦提高到 920 千瓦，機車整備重量由 86 噸增加到 92 噸。為了適應機車在冶金、化工工廠惡劣環境下使用的需要，機車採用了耐高溫、防腐蝕材料，能夠在 50℃ 環境溫度下正常工作。至 1996 年停產，資陽廠累計生產了 512 台東方紅 5 型系列內燃機車。

「東方紅」內燃機車型號較多，涉及客運、貨運、調車，以及米軌和礦山用車多種類型。特別是東方紅 3 型內燃機車，生產數量之多，用途之廣，多少年來，一直是中國鐵路幹線客運主型機車之一。至 1972 年停產，「東方紅」系列內燃機車累計生產 1021 台（含衛星型 4 台）。90 年代起，「東方紅」系列內燃機車開始陸續被淘汰和報廢。

現收藏於中國鐵道博物館的東方紅 1 型 4290 號機車，於 1971 年 6 月出廠，1996 年退役。2007 年被中國鐵道博物館收藏。

火車頭上「天安門」

1969 年 3 月，毛澤東主席在北京接見了長辛店二七機車車輛廠

▼ 北京 2 型內燃機車，昵稱「大北京」（羅春曉攝）

▲ 北京 3 型內燃機車，昵稱「小北京」（羅春曉攝）

的工人代表，聽取了他們「抓革命、促生產」的彙報。事後，毛澤東特地就二七廠是否上馬製造內燃機車做出批示：「當前以修為主，製造為次，可以搞點實驗，方向要往這上走。」毛澤東的最高指示，表達了他對鐵路牽引動力內燃化的關注和思考，鼓舞廣大鐵路人為振興中國內燃機車工業奮力拚搏。

1971 年 8 月 26 日，首台「北京型」3001 號液力傳動內燃機車在二七機車廠下線。這是一台液力傳動客運內燃機車，採用 12V240ZJ 型 12 缸 V 型四衝程直噴式增壓柴油機，標稱功率 1500 千瓦，最高時速 120 公里。車頭鑲嵌着醒目的「天安門」圖案標識，以及「北京」字樣，綠色車身帶黃色帶，時尚大氣。

北京型內燃機車分為三個型號：一種是北京 3 型（其中橙色塗裝為北京 1 型）4 軸單節內燃機車，兩端擁有雙司機室，被火車迷昵稱為「小北京」；一種是北京 2 型 8 軸雙節重聯內燃機車，為專運機車，由兩台單司機室 4 軸機車重聯而成，每個單節配置有一台 12V240ZJ-2 型柴油機，設有重聯裝置，可在任一司機室操縱。一共生產了 6 組 12 台，火車迷稱之為「大北京」；還有一種是北京型口岸內燃機車，用於中、俄邊境口岸區段，供小運轉與調車作業，分準軌與寬軌兩種，準軌型可雙機重聯。

1969 年 9 月，二七廠曾試製了一台 8 軸雙節重聯貨運用液力傳動內燃機車，定型「北京型」6000 系。不久便拆解分為兩台單節機車，變成了「小北京」。

北京型內燃機車的傳動系統特點在於，可根據運用需要改變傳動齒輪減速比，以得到不同的技術特性，使之成為單機客運機車或雙機重聯客、貨運機車。機車的設計結構基本

相同，主要零部件通用。專家認為，從技術層面來看，北京型內燃機車是國產內燃機車中最成功的液力傳動型機車。

經過大量試驗和多次改進後，1975 年北京型內燃機車開始批量生產。截至 1991 年停產時，累計生產了 372 台。

北京型內燃機車曾一度是中國鐵路的主力客運機車。主要配屬華北、華中等地及東北地區的鐵路局，作牽引短途、市郊列車之用，北京型重聯內燃機車曾用於京原線牽引客車。由於車況的問題，後被東風 4D 型、東風 10F 型內燃機車所取代。進入 21 世紀初，北京型單節內燃機車均已退役。只有河南周口等地方鐵路還有少量作為幹線客運機車，同時在各地廠礦，還存有少量北京型單節內燃機車作為調車機車使用。2010 年 4 月初，6 組北京型重聯內燃機車在北京機務段全部報廢拆解。

鄭州世紀歡樂園擺放着一台退役的北京型 3278 號單節內燃機車，是 2004 年由鄭州鐵路局贈送的。中國鐵道博物館收藏有北京型 3003 號單節內燃機車，2008 年由太原鐵路局贈送。

「東風型」系列內燃機車是一個龐大的家族。

在很長時間裏，東風型內燃機車一直是中國鐵路的主力車型，保有量佔國產內燃機車總數的一半以上。

依據我的學習體會，按照技術含量和發展年代來分，東風 4 型、5 型、6 型、7 型、8 型、9 型、10 型、11 型、12 型和 21 型米軌內燃機車，以及東方紅 3 型、5 型、北京改進型內燃機車同屬於國產二代內燃機車。但後者兩種機型的影響力，顯然不能與「東風型」家族相比。

國產二代東風型內燃機車，在設計結構上除傳動系統改進為「交流 — 直流」電傳動外，還採用了承載式車體、靜液壓驅動等一系列新技術，機車性能、可靠性和使用壽命都有很大提高。

「東風 4」的魅力

「東風 4 型」大功率幹線客貨運內燃機車，採用「交流 — 直流」電傳動方式，時速突破了 120 公里，乃國產二代內燃機車首型車和經典車。其生產量大，應用廣泛，中國各地鐵路線上隨處可見。

1960 年代，國外大功率硅整流器研製成功，並很快應用於鐵路機車，導致了「交流 — 直流」電傳動內燃機車問世。這種標誌性的新技術突破，促進了內燃機車、電力機車可靠性、耐久性和經濟性的大大提高。由此，世界內燃機車發展呈現出以中速柴油機為動力裝置，「交流 — 直流」電傳動方式為發展趨勢的大功率內燃機車新形態。

自 1965 年開始，以「交流 — 直流」電傳動方式為導向，中國進入了自行設計和研製國產二代內燃機車的新階

段。這一年，大連機車車輛廠與鐵道科學研究院、大連熱力機車研究所、大同機車工廠等機構聯手，組成新型大功率中速柴油機設計組。1966 年 8 月，大連廠成功試製第一台 16V240ZJ 型柴油機，並於同年完成新型內燃機車的設計。

　　1969 年，新型首台東風 4 型客運內燃機車下線。3 年後，東風 4 型 2001 號內燃機車交付北京內燃機務段進行運用考核。緊接着，大連廠又試製出了東風 4 型 2002 號機車，同樣配屬北京內燃機務段試用。隨後，用於京山鐵路牽引旅客列車。1974 年，大連廠又試製出東風 4 型 0001 號貨運內燃機車，交付北京鐵路局豐台機務段運用。年底，大連廠正式開始批量生產東風 4 型內燃機車，東風 3 型內燃機

▼　東風 8 型內燃機車　（羅春曉攝）

▲ 東風 4B 客運型內燃機車 （羅春曉攝）

車停產。

　　隨着運行里程的增加，東風 4 型內燃機車的機械、電氣部件陸續暴露出問題。柴油機故障率較高，造成大量機車待修。大連廠認真分析了柴油機結構和工藝等方面的問題，進行了一系列改進。針對連桿蓋斷裂故障，通過採用加厚對稱連桿蓋、加設排氣穩壓箱等措施，提高了柴油機的穩定性。

　　自 1969 年試製東風 4 型內燃機車開始，到 1974 年批量生產，東風 4 型內燃機車一直處於技術改進和完善之中。由此，派生出了東風 4A 型、東風 4B 型、東風 4C 型和東風 4D 型等系列車型，從而展示出龐大的「東風」家族力量。

　　經過改進的柴油機定型為 16V240ZJA 型，裝用這種新型柴油機的東風 4 型內燃機車，被稱之為「東風 4A 型」，以示區別。1976 年 6 月，首台東風 4A 型 0109 號內燃機車出廠，並於下半年開始批量生產。隨着新型柴油機的系列化，東風 4B 型、4C 型內燃機車相繼下線，新型機車設計佈局更加科學，運用功率提高，在牽引速度、經濟性方面表現出強勁優勢。

　　1985 年 12 月，大連廠成功試製了東風 4B 高原型內燃機車。一年後，又研製生產了東風 4B 客運型內燃機車。東風 4B 型內燃機車表現出的諸多優勢，贏得市場信賴。一時訂單如雪片般飛來，供不應求。截至 1998 年，總產量超過 4600 台。1987 年，東風 4B 型內燃機車獲得國家金牌優質產品獎，並被鐵道部正式指定為替代進口產品，成為運用最廣泛、技術最成熟的國產內燃機車車型。從此，中國不再需要大批進口內燃機車。歷經 30 年的磨礪，東風 4B 內燃機車真正成為「東風 4」家族的標誌性產品。

　　20 世紀 90 年代末，大連廠積極開展提速機車和準高速機車的研製和生產，相繼推出了東風 4D 型貨運機車和準高速客運機車。其後又研製出提速型、準高速型、供電型、調車型多個東風 4D 系列改進

版，以及適合山區小半徑曲線線路使用的貨運機車，門類繁多，品種齊全。

東風 4DF 型內燃機車是在東風 4D 型提速客運機車基礎上，開發研製的幹線客貨運內燃機車，具備向旅客列車供電功能。機車採用微機控制系統，既能牽引列車又可以取代客運列車中的發電車向列車空調、電加熱器和照明等供電。

1999 年，大連廠推出東風 4D 型內燃機車創新版——東風 4DD 型調車機車，主要滿足重載調車編組及小運轉作業，以及地方廠礦企業對大功率調車機車的需求。

東風 4DD 型內燃機車創造了國內調車機車造價之最。當年每台造價超過 500 萬元人民幣，比東風 7C 型、5 型等普通調車機車的價格高出一倍多。東風 4DD 型內燃機車的主要用戶為冶金、煤炭、化工、電力等行業的路外工礦企業。截至 2010 年，大連機車公司累計生產東風 4DD 型內燃機車 230 台。

據悉，第二代、第三代和第四代「毛澤東號」機車，都是使用的東風 4 型系列內燃機車。第二代「毛澤東號」由蒸汽機車改為東風 4 型內燃機車；第三代「毛澤東號」為東風 4B 型內燃機車；第四代「毛澤東號」機車為東風 4D 型內燃機車。

「抗震號」機車

1967 年 7 月 27 日晚，第二台「東風 5 型」內燃機車在唐山機車車輛廠完成組裝，標誌着該型號內燃機車開始小批量生產。

次日凌晨，震驚中外的唐山大地震不期而至。

唐山廠位於震中，廠房絕大部分被夷為平地，1700 多名職工遇難。廣大幹部職工冒着餘震的危險，一邊安葬亡者、搶救傷員，一邊積極抗震救災、恢復生產，很快就修復好了兩台被地震損壞的機車。整修一新的東風 5 型內燃機車，出廠後立刻投入到了抗震救災的戰鬥中。

抗震救災中，職工們在一片廢墟上搭起的臨時簡易工棚內修復機械設備，因陋就簡生產機車。1976 年底至 1979 年，唐山廠總共生產了 25 台東風 5 型內燃機車。這批早期的東風 5 型機車在抗震救災中發揮了重要作用。由此，東風 5 型內燃機車被譽為「抗震號」機車。

東風 5 型內燃機車是在東風 4 型基礎上形成的。主要用於調車和小運轉作業，適用於編組站和區段站進行調車作業，也可作為區間小運轉及廠礦作業的牽引動力。除了柴油機、車體以外，其他電氣系統、轉向架等主要部件與東風 4 型機車通用。

20 世紀 70 年代中期，隨着鐵路貨物列車牽引定數的增加，原來的東風 2 型、東方紅 2 型等 1000 馬力等級調車柴油機車，已經難以滿足編組站的駝峰調車作業。1975 年，根據中國鐵路運輸的實際需要，鐵道部在鐵路牽引動力現代化發展方案中，提出研製新一代調車用內燃機車。同年，唐山廠、大連廠、大連熱力機車研究所等機構聯手，在東風 4 型內燃機車及 16V240ZJ 型柴油機運用基礎上，研製生產東風 5 型內燃機車。

1975 年底，唐山廠、大連廠成功試製了第一台 8 氣缸的 8240Z 型柴油機車，裝車功率 1650 馬力。緊接着，又試製出了第一台東風 5 型內燃機車。

由於首批東風 5 型機車是在唐山大地震後的簡陋條件下生產的，機車主要零部件的加工質量相對較差，且機車的低負荷性能、柴油機與增壓器的配套性能等方面都存在問題。為此，經鐵道部統一安排，唐山廠停產東風 5 型內燃機車，由實力雄厚的大連機車車輛廠，對東

▲ 東風 5 型內燃機車 （羅春曉攝）

風 5 型內燃機車改進完善。

1983 年，大連廠在 8240Z 型 V 型柴油機基礎上，重新設計出新型 8 缸直列式 8240ZJ 型柴油機。活塞、連桿、氣缸蓋、傳動齒輪及主要螺栓均可與原型柴油機通用互換，性能和品質得到了大幅提升。1984 年 9 月，新型東風 5 型內燃機車在大連廠試製成功。機車裝車功率 1650 馬力，最高時速達到 80 公里。經過一系列性能試驗後，交付濟南機務段投入運用考核。試用表明，新的東風 5 型內燃機車不但消除了原型機車振動大等缺陷，而且其起動牽引力和持續牽引力也有較大提高。

1984 年，新型東風 5 型內燃機車由青島四方機車車輛廠正式組織批量生產。生產過程中，再次改進完善了 8240ZJ 型柴油機的生產工藝，相繼解決了燒瓦、機油壓力低、回手柄停車、機油泵燒套、水泵漏水、增壓器不穩定等慣性質量問題。重新設計輔助傳動箱、車體鋼結構，採用機車整車通風系統、整體鑄造機體和優質合金鋼鍛造曲軸等新技術，改進了電氣系統和操縱台儀錶佈置，提升了機車品質。

為了滿足中蘇、中蒙邊境鐵路口岸站運量增長的需要，1989 年，四方廠研製了東風 5 型口岸型機車，用於邊境口岸過境運輸。機車分為 1524 毫米軌距的寬軌、1435 毫米軌距的準軌兩種，共生產了 26 台。主要配屬烏魯木齊機務段的阿拉山口口岸、集寧機務段的二連浩特口岸和牡丹江機務段的綏芬河口岸。

1992 年以後，四方廠又多次對 8240ZJ 型柴油機及東風 5 型內燃機車進行改進，先後研製出了強化版 8240ZJC 型、8240ZJD 型柴油機，以及採用雙徑流增壓的 8240ZJS 型新型柴油機。同時採用無級調速、PLC 控制、微機控制、交流輔助電機等新技術，促進了機車通用化、系列化、模塊化、標準化程度的提高。東風 5 型內燃機車功率提高到 1320 千瓦，最高時速達到 100 公里。

截至 2006 年，東風 5 型內燃機車累計生產超過 1100 台。部分

東風 5 型內燃機車還援助給了朝鮮等國。

「大提速」火車頭

事實證明，中華人民共和國成立以來，中國鐵路人在振興和推動機車工業大發展時，有一個很強烈的動機，那就是對國產機車高速度的追求，力爭達到和超越世界先進水平。然而，由於科技水平的限制，很長一段時間內，國產機車的速度一直徘徊不前。隨着科技的進步，這種追求終於變為現實。

鐵路大提速，火車頭要先行。

自 20 世紀 90 年代以來，改革開放的豐碩成果促進了中國鐵路快速發展。鐵路部門採取多種途徑，卓有成效地進行內燃機車的提速探索。從某種意義上講，這個時期屬於中國鐵路高速時代的前奏期。

1990 年，戚墅堰機車廠經過 3 年多的努力，設計試製出東風 9 型大功率客運內燃機車。採用「交流—直流」電傳動方式，新型柴油機功率 3610 千瓦，機車構造時速達到 160 公里，最高試驗速度達到每小時 163 公里。這是國產二代內燃機車中功率最大、速度最快的機車。

1992 年 12 月，首台東風 11 型準高速客運內燃機車下線，並通過鐵道部驗收。1994 年 4 月 11 日，在北京環形鐵道試驗線試驗中，東風 11 型 0001 號內燃機車牽引 7 輛新型客車，最高試驗速度達到每小時 183 公里，創下了當時的「中國鐵路第一速」。這一年 12 月 22 日，廣州至深圳準高速鐵路開通運營。由東風 11 型內燃機車牽引的準高速旅客列車時速達到 160 公里。由此，東風 11 型內燃機車成為中

▲ 東風 11 型內燃機車 （羅春曉攝）

國客運新速度的一個重要標誌。

　　1996 年 9 月，鐵道部向社會宣佈，將於 1997 年 4 月 1 日實施中國鐵路第一次大面積提速。到時京廣、京滬、京哈三大幹線的旅客列車最高運行時速將提高到 140 公里。鐵路大提速，除了線路、道岔裝備要提升水平外，火車頭的提速乃重中之重。由此，鐵道部要求大連機車車輛廠在東風 4B 型、4C 型內燃機車的基礎上，立即着手研製東風 4D 型提速客運內燃機車。

　　此時，距離大提速的實施日期不足 7 個月。大連廠聞風而動，立足於東風 4B 型、4C 型內燃機車原有架構，改進裝用大連廠與英國里卡多公司合作開發的 16V240ZJD 型柴油機，採用新的車頂圓弧外形，以降低高速運行時的風阻和噪聲。機車功率達到 2425 千瓦，最

高時速為 145 公里。1996 年 12 月 15 日，首台東風 4D 型提速客運內燃機車在大連廠下線。在牽引 1100 噸大編組旅客列車試驗時，機車在平直線路上平均時速為 132 公里，最高時速超過了 140 公里。

1999 年 10 月 13 日，大連廠與西南交通大學等合作，首台東風 4D 型準高速客運內燃機車下線。最高運行時速 170 公里，完全能夠滿足牽引快速客運列車的需要。這兩台最早的試驗型快速內燃機車，裝用了國際技術合作研製開發的高強化、大功率 16V240ZJE 型柴油機，裝車功率達到 3310 千瓦。後由於柴油機耗油量較高，機車冷卻能力不足，在批量生產時又恢復了 16V240ZJD 型柴油機，機車標稱功率降至 2425 千瓦。

東風 4D 型提速客運內燃機車作為成熟設計、成熟技術和成熟零部件集合而成的最新機型，牽引電動機用滾動軸承抱軸安裝，關鍵零部件從國內外廠家擇優選購，提高了機車性能和運用可靠性。它當仁不讓地成為中國鐵路六次大提速的動力主角，擔當直達旅客快車的牽引任務。

1998 年 8 月，大連機車廠在東風 4D 提速型客運內燃機車的基礎上進行了一系列改進，包括重新設計了牽引齒輪箱，成功研製東風 4D 型貨運內燃機車，最高運行時速 100 公里。客貨機車的主要結構基本相同，主要零部件均能通用互換。

東風 4D 型貨運內燃機車是一種成熟的新產品。機車裝用與國外合作開發的具有世界先進水平的 16V240ZJD 型柴油機，標稱功率 2425 千瓦。機車轉向架採用結構合理、耐久可靠的成熟技術，牽引電動機用滾動軸承抱軸安裝，關鍵零部件從國內外廠家擇優選購，提高了機車性能和運用可靠

性，大修期延長到 90 萬公里。

截至 2013 年，大連廠累計生產了東風 4D 型貨運內燃機車 326 台。採用奶黃色和天藍色的車身塗裝，以此區別於客運型機車。因為車型的塗裝顏色看上去像倒過來的烏克蘭國旗，火車迷們通常對東風 4D 貨運內燃機車俗稱為「烏克蘭」。

東風 4D 型系列內燃機車是一個充滿活力的大家庭。這些家庭成員包括東風 4D 提速型、東風 4D 準高速型、東風 4D 貨運型、東風 4D 調車型、東風 4D 徑向轉向架型、東風 4DJ 交流電傳動型，等等。2000 年 5 月，東風 4D 型準高速客運內燃機車開始批量生產，截至 2013 年停產，大連廠累計生產了 575 台。

1999 年，資陽機車廠借力東風 4C 貨運內燃機車技術，研製生產出東風 4C 型準高速客運內燃機車。大部分部件均與東風 4C 型內燃機車相同，車體外觀參考了東風 11 型內燃機車。其標稱功率 2165 千瓦，最高運營速度達到每小時 160 公里。資陽廠曾試製了兩台樣車，最高試驗速度達到每小時 176 公里。試驗完畢後，兩台機車出售給了三茂鐵路公司。火車迷們通常以「DF4CK」（K 表示客運）稱呼東風 4C 型準高速客運內燃機車。

2001 年 6 月，青藏鐵路二期工程（格爾木至拉薩段）正式全面開工建設。鐵道部初步選型是以戚墅堰廠生產的東風 11 型、東風 8B 型內燃機車為基礎，研製高原客、貨運內燃機車。2002 年 10 月底，戚墅堰廠完成兩台樣車的試製，將其命名為「雪域神舟」。同年 12 月底，「雪域神舟」開始在青藏鐵路格拉段已鋪軌的南山口至望昆段間投入運用考核，牽引運送鐵路建設物資的貨物列車。2004 年 10 月，鐵道部面向國際招標高原內燃機車，美國通用電氣公司中標，獲得 78 台 NJ2 型高原內燃機車的訂單。

2003 年 5 月，鐵道部提出在東風 11 型內燃機車基礎上，研製一種能滿足第五次大提速直達特快列車牽引任務的提速內燃機車，定型

▲ 東風 4D 準高速型內燃機車 （羅春曉攝）

▲ 東風 11G 型內燃機車

為「東風 11G 型」,「G」代表改進型。主要用於牽引「Z」「T」字頭的直達特快列車。具有長交路、一站直達、單司機操縱等特點。

所謂「長交路」,是指機車運行交路首次突破 1000 公里,如北京至杭州的交路超過 1600 公里,中途不更換機車。所謂「一站直達」,是指旅客列車點對點開行,機車牽引客車從起點站連續運行直達終點站,中途不停站。所謂「單司機操縱」,是指機車不再配備副司機,僅由一名司機完成全程運行。整個設計過程要求在五個月內完成。

東風 11G 型內燃機車的設計,借鑒了東風 11 型、東風 11Z 型內燃機車技術。採用雙機重聯組合式架構和全微機控制技術,由兩台結構相同的單節機車通過車鈎、折棚式密封風擋重聯組成一組。流線型司機室結構,提高了機車整體外觀效果,同時也減少機車運行阻力。機車裝用的 16V280ZJA 型柴油機,為德國 MTU 或美國康明斯的產品,享有「馬力之王」的美譽。最大運用功率為 2×3610 千瓦,最高運行速度為每小時 170 公里。具有機車向客車供電的功能,每節機車裝有一台輔助發電機組。

2003 年 7 月 15 日,鐵道部對東風 11G 型內燃機車技術設計進行了評審。同年 11 月 15 日,第一組東風 11G 型內燃機車出廠。當時正值中國鐵路提出「跨越式發展」,每台機車車身上都有「跨越」字樣,直接命名為「跨越號」。

2004 年 4 月 18 日,中國鐵路實施第五次大提速。首批東風 11G 型內燃機車分別配屬北京機務段、上海機務段,擔當了 19 對直達特快旅客列車中的 11 對列車的牽引任務。

2007 年 4 月 18 日,中國鐵路實施第六次大提速。新開行的北京—福州 Z59/58 次直達特快列車,仍然由東風 11G 型內燃機車牽引。全程 2088 公里,中途只停靠南昌、鷹潭和武夷山站,創下中國鐵路內燃機車長交路新紀錄。

東風 11Z 型內燃機車與東風 11G 型是同門兄弟,乃國家領導人

專列特用型機車，全國僅生產兩組 4 台。於 2002 年服役，用以取代 20 世紀 70 年代從德國進口的 NY6 型內燃機車。

截至 2010 年 10 月，戚墅堰廠累計生產了 184 台東風11G 型內燃機車。火車迷們將之昵稱為「豬頭」，其來源是「ZT」恰好同是「直（Z）達特（T）快」和「豬頭」的漢語拼音縮寫，而其車頭外形形象又酷似一隻豬。

與此同時，中國大功率快速貨運內燃機車的研製也在加緊進行。1996 年 4 月，為了配合鐵路幹線貨物列車大提速，戚墅堰廠加快新型大功率貨運內燃機車的研製，並很快投入小批量生產，定型為「東風 8B 型」。

東風 8B 型內燃機車是東風 8 型的升級版。裝機功率3680 千瓦，是 20 世紀 90 年代中國單機牽引功率和電阻制動功率最大的直流電傳動貨運內燃機車。機車可以通過加、減壓鐵的方法，方便地實現軸重為 23 噸或 25 噸的轉換。

1997 年 6 月和 7 月，東風 8B 型的兩台樣車（DF8B-0001、0002）先後完成試製，交付上海鐵路局南翔機務段在滬寧鐵路按重載交路進行運用考核。東風 8B 型 0001 號內燃機車相繼進行了制動試驗、機車稱重、牽引性能、動力學性能等項目的鑒定試驗；東風 8B 型 0002 號內燃機車則作為 15 萬公里運用考核試驗車，在滬寧鐵路投入運用考核。試驗結果顯示，東風 8B 型內燃機車牽引 5000 噸貨物列車運行時，不僅有足夠的功率和黏着利用能力，能滿足最高時速80~85 公里的要求，而且機車功率尚有一定的儲備，柴油機負荷率處於適當水平。

1998 年 10 月 29 日，東風 8B 型內燃機車通過鐵道部科技成果鑒定。1999 年上半年開始批量生產，同年獲得鐵道部科技進步二等獎。

▲ 東風 8B 型內燃機車 （羅春曉攝）

　　鑒於東風 8B 型內燃機車的成熟技術，一些出口內燃機車都以東風 8B 型為原型。如土庫曼斯坦、委內瑞拉、伊朗、幾內亞和沙特阿拉伯等國家，都喜歡購買中國的東風 8B 型內燃機車。截至 2012 年，共生產 1191 台普通版東風 8B 型內燃機車。

早在 1925 年春，上海上南汽車股份有限公司曾從國外購進兩台 1 米窄軌的小型汽油機車。這是內燃機車第一次行駛在中國鐵路線上。舊中國沒有鐵路機車生產能力，只能是花錢買車使用，根本談不上引進先進技術來製造國產內燃機車。

中華人民共和國成立後，隨着世界鐵路內燃化進程的加快和國家建設對鐵路運輸的需求，中國鐵路借鑒世界先進技術，開始了自己設計生產內燃機車的歷史，走出了一條仿製、改進、引進和創新的發展之路。

改革開放後，中國鐵路牽引動力革命，以發展重載貨運和準高速客運為重點，積極接軌世界先進技術，與美國、英國多家企業集團合作，形成了以模塊化、系統化微機控制技術為先導的國產第三代內燃機車。在大力提升國產內燃機車品質的同時，也為中國內燃機車「走出去」打開了一片新天地。

「捷力號」前奏曲

20 世紀末，正當中國鐵路部門籌劃引進世界機車製造先進技術時，一場內燃機車技術的革命性變革在一些發達國家悄然興起。內燃機車電傳動方式從直流傳動向交流傳動轉變，實現了世界內燃機車領域新技術的突破，具有里程碑的意義。這一重大技術變革，為中國內燃機車工業引進世界最前沿的新技術提供了可能。

20 世紀 70 年代以前，傳統的內燃機車都採用直流電傳動技術。1971 年，德國研製出世界第一台交流傳動內燃機車——DE2500 型機車，開啟了現代交流電傳動內燃機車時

代。隨着交流電傳動技術的逐漸成熟，相比直流電傳動有着顯著優勢，交流電傳動方式成為國際上電傳動內燃機車的發展主流。進入90年代，美國、德國、瑞士、日本等發達國家均已開始批量生產交流電傳動內燃機車。

中國鐵路運輸「提速、重載」的客觀需求，迫切呼喚着新一代大功率內燃機車的問世。盡快掌握現代交流傳動技術，研製出我們自己的交流傳動內燃機車，是鐵路機車工業的重要戰略選擇。

早在「九五」期間，鐵道部就決定積極開發以交流電傳動技術為主導的新一代內燃機車。

1997年初，鐵道部提出了交流傳動內燃機車的研製計劃。四方機車車輛廠開發研製的1800HP交流傳動內燃機車，被列為國家鐵路重點科研攻關項目。1997年，四方廠聯合株洲電力機車研究所、永濟電機廠、大連內燃機車研究所等單位，開始着手研發交流傳動國產內燃機車。

1998年1月，交流電傳動內燃機車技術設計方案通過鐵道部設計審查。經過近兩年的艱苦攻關，1999年9月8日，中國首台「捷力號」交流電傳動內燃機車在四方廠下線，標誌着國產內燃機車由直流電傳動向交流電傳動轉換邁出了關鍵的一步。時至今日，交流電傳動仍然是新型內燃機車首選的傳動方式，高速動車組也均為交流電傳動方式。

由於當時中國的大功率牽引逆變器技術尚未成熟，選擇與日本三菱電機公司合作，引進國外先進技術。「捷力號」內燃機車採用了由株洲電力機車研究所和日本三菱電機公司聯合研製、三菱電機製造的IPM牽引逆變器，以及國產異步牽引電機、柴油機變頻起動、多處理器微機控制系統、內插式大傳動比牽引齒輪等新技術。

「捷力號」內燃機車代號「NJ1型」，其中「N」代表內燃機車，「J」代表交流傳動。機車裝用8240ZJC型柴油機，設計裝車功率1320

千瓦。主傳動系統採用架控式「交流—直流—交流」電傳動方式，裝有微機控制系統，持續牽引力 380 千牛，最高時速為 80 公里。

1999 年 12 月，「捷力號」0001 內燃機車在濟南鐵路局淄博機務段投入運用，主要擔當調車及幹線小運轉作業。經過一年多的運用，測試結果顯示，其牽引性能明顯優於同等功率的東風 5 型調車機車，起動加速度和最大牽引力分別提高了 70% 和 15% 以上，機車總效率比提高了 1.6%，大大提高了調車機車的作業效率。2001 年 6 月，「捷力號」0002、0003 內燃機車配屬濟南鐵路局濟南西機務段投入運行。同年 10 月底，「捷力號」內燃機車通過鐵道部技術鑒定。2003 年，「捷力號」內燃機車榮獲中國鐵道學會科學技術獎一等獎。

2001 年，秦皇島港務局面向國際招標，訂購兩台交流電傳動內燃機車，用於港口專用線調車。四方廠在「捷力號」的基礎上，採用標準化、模塊化設計，推出了「捷力號」改進版，一舉中標，奪得訂單。2002 年 11 月 30 日，新型「捷力號」內燃機車在青島下線，交由秦皇島港務局投入運用。這標誌着中國交流電傳動內燃機車進入批量生產的新階段。

「國際合作」效應

20 世紀 80 年代，中國進入改革開放時期。隨着國民經濟的快速發展，鐵路運輸嚴重滯後的被動局面不斷顯現。為了提升運輸能力，鐵道部決定按「技貿結合」的原則，從國外進口一批大功率內燃機車，以緩解機車運用緊張的狀況。

經反覆比較，決定引進美國通用電氣（GE）公司的 C36-7 型內燃機車。這批機車到貨後，按中國鐵路機車命名規範，定型為「ND5 型」。

所謂「技貿結合」，是指技術貿易和商品貿易相結合的一種技術引進方式。第二次世界大戰後爆發的科技革命，不僅加速了各國的技術進步，對世界貿易也產生了深刻的影響，技術變革成為國際貿易和國際競爭的關鍵因素。在這種大背景下，技術與貿易的結合不僅成為必然，也日益被各國政府所推崇和採用。細觀當時的「技術與貿易結合」，與日後高鐵技術引進所採用的「市場換技術」有着異曲同工之效。

▼ ND5 型內燃機車 （羅春曉攝）

1983 年至 1986 年間，中國共進口了 422 台 ND5 型內燃機車，配屬上海鐵路局、濟南鐵路局、北京鐵路局和瀋陽鐵路局。主要服務於京滬、豐沙、京原、瀋大等鐵路幹線，有效緩解了鐵路運能緊張的狀況，經濟效益十分突出。

　　與以往不同的是，由於制定了「技貿結合」原則，在與國外廠商簽訂內燃機車購買合同的同時，還要多簽一個合同，即技術轉讓合同。這個技術轉讓合同的項目分為兩個階段實施：第一期為 ND5 型內燃機車關鍵部件製造技術轉讓；第二期則由大連廠與 GE 公司合作，改進生產國產東風 4 型內燃機車。

　　於是，在新型機車到貨的同時，GE 公司就開始向大連廠無償轉讓新型機車的關鍵技術，這些技術轉讓項目包括 GTA24A3 型牽引發電機、恆功勵磁裝置等 12 個項目。ND5 型內燃機車先進的電傳動系統，恰恰是當時國產內燃機車技術的薄弱環節。

　　1984 年，大連廠與英國里卡多公司開始合作，對裝用於東風 4B 型內燃機車的 16V240ZJB 型柴油機加以改進。於 1986 年底，生產出新型 16V240ZJD 型柴油機，裝車功率達到 2940 千瓦。首台柴油機樣機順利完成了國際鐵路聯盟標準規定的 UIC100 小時可靠性試驗和 ORE360 小時耐久性試驗。

　　在國際技術合作中，兩家合作企業對改進東風 4B 型內燃機車事宜進行了分工。GE 公司負責機車電氣部分的設計，大連廠則負責機車總體及機械部分的改進設計。同時，永濟工廠和株洲所對引進 GE 公司的多項技術進行了消化吸收和再創新。改進後的東風 4 型內燃機車，裝用 GE 公司的電機、電氣和微機控制設備，機車性能達到了同期 GE 公

▲ 東風 6 型內燃機車存放在瀋陽鐵道博物館中 （羅春曉攝）

司 C39-8 型柴油機車的標準。這種新型內燃機車在設計階段曾被稱為「東風 4D 型」，並被列入鐵道部「七五」期間科技發展規劃。

1988 年 1 月，大連廠按照合同規定的進度，完成了新型機車的施工設計，隨即開始試製。同年 8 月起，GE 公司製造的電氣設備部件陸續運抵大連並開始進行組裝。

一年後，大連廠通過引進外國技術和設備，組裝完成了兩台建立在東風 4 型內燃機車基礎上的新型樣車，正式命名為「東風 6 型」內燃機車。機車採用了 GE 公司包括微機控制系統和自動檢測系統、交直流電傳動裝置在內的一系列先進電氣系統。

1989 年 1 月至 3 月，東風 6 型內燃機車樣車在瀋大鐵路進行了多次正線牽引試驗，表現出良好的牽引性能。試驗結果顯示，機車的柴油機運用功率和機車標稱功率都略高於 ND5 型內燃機車，而在相同運用條件下油耗率指標與 ND5 型內燃機車相當，機車各項技術指標均已達到 80 年代世界同類機車的先進水平。

這一年 4 月 5 日，大連廠舉行東風 6 型內燃機車落車典禮，GE 公司副總裁邁克爾‧洛克哈特、鐵道部總工程師沈之介、大連市委書記林聲等參加了典禮和剪綵。

東風 6 型內燃機車是以「技貿結合」方式引進國際內燃機車先進技術的成功典範，產生了良好的互利效應。然而，到了 1989 年，隨着美國政府宣佈對華實施武器禁運和經濟、技術制裁，給東風 6 型內燃機車的後續發展造成一定影響。

聯手創新「和諧 3」

2008 年 7 月 2 日，由美國 EMD 內燃機車公司與大連機車車輛公司聯合設計製造的首台「和諧 3 型」大功率交流電傳動內燃機車在大連下線。在當時國內外同類產品中，和諧 3 型內燃機車實現了一系列技術突破，贏得了「技術最先進、功率最大、最節能環保」三個之最。這是中國內燃機車工業領域，率先取得突破性進展的技術引進項目。

2004 年，按照國務院「引進先進技術，聯合設計生產，打造中國品牌」的總體要求，以及「先進、成熟、經濟、適用、可靠」的基本方針，鐵道部提出，加快引進國外鐵路裝備先進技術的步伐，在最短時間內提高中國鐵路裝

備技術水平。由此，大連公司和戚墅堰公司分別同美國 EMD 公司和 GE 公司合作，聯合設計研發「和諧 3 型」「和諧 5 型」大功率交流傳動內燃機車。

　　美國 EMD 內燃機車公司是內燃機車的發明者之一，也是世界上最大規模的內燃機車生產商。早在 2001 年，EMD 公司就開始向中國轉讓世界領先的徑向轉向架技術。2005 年，EMD 公司與大連公司展開全面合作，成為鐵道部選擇的為數不多的國外合作夥伴之一。EMD 公司向大連公司轉讓了最先進的機車技術，共同開發和諧 3 型大功率交流傳動內燃機車。

▼　和諧 3 型內燃機車　（羅春曉攝）

▲ 和諧 3 高原型內燃機車行駛在青藏鐵路上

EMD 內燃機車卓越的性能能夠從容應對任何複雜環境，從南北美大陸到東西歐各國，從澳大利亞大草原到撒哈拉沙漠，從西伯利亞到安第斯山，從青藏高原到大秦重載鐵路，在世界各地繁忙的鐵路線上，到處都可以看到 EMD 內燃機車牽引着列車呼嘯而過的身影。

國產和諧 3 型內燃機車採用 EMD 先進的大功率、低排放、電噴 6000 馬力柴油機，具有持續牽引力大、低油耗、低排放以及運行速度快、耐久可靠性高等一系列優點。在平直線路上牽引 5000 噸，最高時速可達到 120 公里。機車交流傳動系統、車載微機網絡控制系統以及集成化氣路的空氣制動系統，都是國際最先進、最成熟的新技術，並具備三機重聯功能。

尤其值得一提的是，大功率電子噴射柴油機作為世界先進技術，可滿足機車牽引功率 4400 千瓦的要求和雙機牽引 5000 噸運行時速 120 公里的要求。同時，降低燃油消耗和廢氣排放，達到美國 EPA Tier 2 標準。這個二級排放標準是美國政府制定的氣體排放標準，於 2005 年 1 月 1 日起生效。EMD 內燃機車是首批符合此項嚴格氣體排放標準的內燃機車。

和諧 3 型內燃機車以中國市場的需求為製造理念，使用了多項 EMD 先進技術，包括雙隔離駕駛艙、低廢氣排放、電子燃油噴射、交流牽引傳動系統、微機控制系統，以及在三個組成部件中運行的能力。出於對駕駛人員方便性、舒適性的考慮，機車還配備了微波爐、空調、雪櫃及洗手間。

採用先進的交流異步電機牽引。其電機構造簡單，沒有換向器裝置和電刷機構，可選用高轉速和大傳動比，同時能獲得較大的單位重量功率。先進的交流主傳動系統，大大提高了機車的黏着利用率。由於交流電動機取代直流電動機，機車維護簡單方便，可靠性提高，全周期壽命成本大大降低，具有良好的動力學性能。機車大修周期可達到 180 萬公里，最低基本維護間隔為 3 個月。

模塊化、系統化的電控空氣制動系統，是長大貨物列車制動系統的發展方向。採用的集成化車載微機網絡控制系統，具有較好的通用性和兼容性。EMD 內燃機車技術的引進，極大地促進了中國微機控制系統的研發，以及電力機車製造水平與國際一流水平的接軌。

2015 年 1 月 21 日 11 時 25 分，隨着一聲清脆的汽笛聲，國產和諧 3 型高原型內燃機車緩緩駛入格爾木機務段機車整備場。國產高原機車落戶雪域天路，踏上了拉日鐵路新征程。由此，填補了中國高原鐵路客貨運輸無國產內燃機車的空白。

這批進入青藏鐵路的和諧 3 型高原型內燃機車共計 30 台，是根據中國高原地區特殊的地理環境研製的。額定功率 3100 千瓦，具有功率大、結構簡單、可靠性高、維護工作量小的諸多特點。

與平原型和諧 3 型內燃機車相比，高原型內燃機車採用單司機室操縱，增設了司機間休室和機車製氧設備，柴油機不僅採用了高原型增壓器，而且牽引功率還具有自動修正功能。當海拔和環境溫度發生變化時，柴油機輸出功率會自動修正，適用於擔當高海拔地區的鐵路客貨列車牽引工作。

合力打造「和諧 5」

「和諧 5 型」內燃機車是國產功率最大的交流傳動貨運內燃機車，各項技術指標均達到世界先進水平。由戚墅堰機車公司與美國通用電氣（GE）公司合作研發生產。機車裝有一台 6000 馬力柴油機及 6 台交流牽引電動機，可單機牽引 5000 噸貨物，最高運行時速 120 公里。機車輪周效率

高，黏着利用率高，起動加速快，動力學性能和制動性能良好，具有卓越的防空轉、防滑行功能。

和諧 5 型內燃機車是 GE 公司在「創新」系列柴油機車和 AC6000CW 型柴油機車基礎上，根據中國鐵路技術規範改進設計而成。採用單司機室外走廊車架承載結構車體、電子噴射柴油機、牽引變流器、CCA 微機控制系統等世界一流技術。

2003 年，戚墅堰公司選定了 GE 公司作為合作夥伴，並進行廣泛接觸和交流，在技術轉讓、人員培訓等多方面達成共識。2005 年 11 月 1 日，鐵道部與 GE 公司、戚墅堰公司在北京簽訂了內燃機車採購和技術引進項目合同。訂購 300 台大功率內燃機車，合同總額達 68 億元人民幣，雙方權益大致各佔三個採購合同總金額的 50%。

按照合同規定，戚墅堰公司與 GE 公司聯合設計，GE 公司向戚墅堰公司轉讓柴油機、轉向架、輕量化車體、交流電傳動系統等 11 項關鍵部件或系統技術。首兩台樣車由 GE 公司在美國賓夕法尼亞州的伊利工廠製造，原裝運往中國。第 3 至 50 台機車，大部分部件由 GE 公司製造或提供，少部分部件由戚墅堰公司製造，最後由戚墅堰公司完成整體組裝。雙方商定，其餘的 250 台機車分五個階段逐步實施國產化計劃，國產化率從第一階段的 30%，逐步提高到第五階段的 85%，每個階段為 50 台機車，全部由戚墅堰公司組織生產。

戚墅堰公司全面推進創新發展，結合新技術引進，成立了 28 個課題攻關組，對關鍵點和難點進行技術攻關。圍繞柴油機零部件加工與組裝試驗、機車轉向架製造、車體及鋼結構室製造、機車組裝試驗等六大系統，進行重點技術改造。涉及近百項設備、工藝調整和工位器具，着力完善零部件國產化進程和質量控制。

在技術轉讓方面，由中方兩家公司直接對接。株洲南車時代電氣公司負責牽引變流器國產化項目，在首批 300 台和諧 5 型內燃機車中，有 285 台機車採用了國產化牽引變流器，首件製品高質量通過鑒

▲ 和諧 5 型內燃機車 （羅春曉攝）

定。成都機車車輛有限公司承擔了機車配套的交流牽引電動機、主輔發電機、散熱器風扇電機和電阻柵制動風機的國產化任務，國產化電機產品全部達到驗收標準。

2008 年 11 月 25 日，首台國產化和諧 5 型內燃機車在戚墅堰公司下線。次年 6 月，在新疆吐魯番盆地進行夏季性能試驗，主要包括起動加速試驗、隧道試驗、冷卻性能試驗和機車功率試驗。然後，在北京環形鐵道試驗線進行後續的機車稱重、最大起動牽引力等整車型式試驗，試驗結果優秀。

與此同時，戚墅堰公司積極組織了和諧 5 型內燃機車雙司機室及動力學性能研究，對機車的雙司機室外走廊結構、軸箱拉桿式轉向架、司機室主副操縱台等設施的功能性、可靠性進行優化設計，並順利通過鐵道部組織的設計方案評審。2012 年 8 月，和諧 5 型雙司機室內燃機車下線，配屬瀋陽鐵路局白城機務段。

和諧 5 型內燃機車是國產最新一代大功率內燃機車。採用了燃油電子噴射、高壓比可變渦輪增壓、IGBT 模塊軸控式交流牽引和遠程故障診斷等四個系統的先進技術。具有性能優、經濟性好、綠色環保、適用性強、可靠性高等特點。適用於中國大、中型編組站的編組、調車及小運轉作業的調車作業。

改革開放 40 年來，進口的多類型內燃機車在中國條件下的運行效果表明：重載中速的美國機車比輕載高速的歐洲內燃機車更適合中國的國情。中國進口的多個國家、多種型號的內燃機車中，運用效果最好、最成功的機車就是美國的 ND5 型內燃機車。

「火車要買資陽的」

談論國際內燃機車市場，「中國資陽造」可謂大名鼎鼎。

土庫曼斯坦的一位商人說：「我們業內有一句流行語：飛機要買

波音的，火車要買資陽的。」在土庫曼斯坦鐵路上跑的火車頭幾乎都是「中國資陽造」。至今，已有 240 多台資陽機車馳騁在土庫曼斯坦的大地上。正因如此，土庫曼斯坦的總統專列都選用了資陽機車做火車頭。

資陽機車公司始建於 1966 年，是中國年產量最大的內燃機車製造企業。50 多年來，資陽公司製造生產的 3500 多台火車頭，遍佈全國 18 個鐵路局及冶金、石化、港口等行業，市場佔有率穩居國內前列。

從 1992 年開始，「資陽造」內燃機車率先實現了國產商品內燃機車出口「零的突破」。到 2017 年底，資陽公司自主研製的內燃機車產品已出口中亞、東南亞、非洲、南美洲、大洋洲 24 個國家和地區，超過了 700 台，佔中國內燃機車出口總量的 50% 以上。成為土庫曼斯坦、越南最大的內燃機車供應商。資陽公司約 95% 的內燃機車產品出口到「一帶一路」區域內國家。

隨着低碳經濟時代的全面到來，全球軌道交通發展迎來黃金機遇期。資陽公司按照打造「裝備世界軌道交通的領先品牌」的目標，相繼開發新型內燃機車產品 25 種。形成了以東風 8B 型、4B 型、4C 型為重點的直流電傳動內燃機車技術平台；以越南、蘇丹、巴西為重點的窄軌內燃機車技術平台；以土庫曼斯坦、哈薩克斯坦為重點的寬軌內燃機車技術平台。資陽公司成為中國最具活力和實力的內燃機車製造基地，軌道交通裝備行業「走出去」的領先者。

2017 年 5 月 8 日，四台資陽造東風型內燃機車抵達泰國 TPI 公司。公司負責人高興地用泰語説道：「終於等到了這些寶貝，我們已經期待它們很久了。」

這份來自泰國用戶的信任和褒獎，其緣由要追溯到

1992 年。當年，資陽公司擊敗來自美國、日本、韓國的競爭對手，獲得泰國 TPI 公司兩台 CK5 型內燃機車訂單。這是中國內燃機車商品化整車出口的第一單。此後的兩年，TPI 公司又繼續採購了 6 台同類型內燃機車。

交流電傳動是現代內燃機車技術的標誌和發展方向。2011 年 9 月 1 日，資陽公司會同株洲電力機車研究所，在澳大利亞與客戶簽署了總額超億元的交流電傳動內燃機車購銷合同。這種針對澳大利亞市場客戶需求開發的新型機車，單機在 12‰ 的坡道上成功牽引近 5000 噸的列車，運行狀況穩定，黏着性能良好，得到了用戶的充分認可。這是中國完全自主知識產權、交流電傳動技術內燃機車的首次出口。

2016 年 4 月，越南鐵路部門負責人專程來到資陽公司訪問。他們很開心地說道：「貴公司出口到中國的內燃機車，雖然不到全國機車總量的三分之一，卻承擔了中國鐵路 50% 以上的送轉任務，資陽機車成為中國鐵路的主力軍。」

自 2001 年以來，資陽公司已向越南出口各型機車 90 餘台，是越南最大的機車供應商，也是迄今為止，中國唯一一家米軌幹線內燃機車供應商。2006 年，資陽公司向越南轉讓「革新號」內燃機車技術，實現了國產內燃機車技術的首次輸出，並成功在越南本地化生產新型內燃機車 40 台之多。

從 2006 年至 2014 年，哈薩克斯坦累計採購了近 200 台資陽造內燃機車，資陽公司因此成為中亞地區最大的機車供應商。土庫曼斯坦、哈薩克斯坦兩國總統對中國內燃機車情有獨鍾，在業內傳為佳話。

2014 年，當資陽機車抵達巴基斯坦時，當地人民載歌載舞，像歡慶盛大節日一樣，迎接中國機車的到來。2013 年，巴基斯坦鐵路公司經過實地考察，分三次向資陽公司採購了 63 台幹線內燃機車，並於 2014 年 1 月開始陸續交付。2014 年 8 月 14 日是巴基斯坦獨立

日，這一天有 16 台中國資陽造內燃機車投入巴基斯坦鐵路運輸，當天便創收 8000 萬盧比，約合 80 萬美金。如今，資陽造內燃機車承擔着巴基斯坦重要的運輸任務。

中國內燃機車「走出去」

除了資陽公司，中國老牌企業四方機車車輛公司、戚墅堰機車公司、大連機車車輛公司，也都成為中國內燃機車「走出去」的大戶。

早在 1968 年，四方廠開始承擔為坦贊鐵路設計並生產全部客貨幹線內燃機車的任務。從 1969 年開始，四方廠陸續設計製造出 DFH1 型、DFH2 型系列液力傳動出口內燃機車。1970 年 9 月，中國出口首批液力傳動內燃機車援助坦贊鐵路。這是中國第一次出口內燃機車，是一個重要的里程碑。

其後，以 DFH1 型、DFH2 型內燃機車為基礎，四方廠為越南提供了 DFH3 型內燃機車，為阿爾巴尼亞提供了 DFH4 型內燃機車，為巴基斯坦提供了 DFH5 型內燃機車。截至 1979 年停產，這五種內燃機車產量達到 167 台。

2016 年 5 月 19 日，中國出口內燃機車最大一筆訂單的首批機車，在大連灣碼頭裝船啟運。這些機車將穿越南海和印度洋，沿着「海上絲綢之路」抵達南非。這些漂洋過海的火車頭是由大連公司生產的全球功率最大的窄軌內燃機車。這是按照南非技術要求「量身打造」的，單司機室、外走廊，採用先進的高能效交流傳動牽引技術，滿足長距離重載運輸需要，排放環保，是一款面向未來的環境友好型機車。機車軌距 1065 毫米，功率 3300 千瓦，最高時速 100 公里，

各項指標均居於世界先進水平。

兩年前，大連公司與南非國有運輸集團簽訂了 232 台內燃機車供貨合同，總額約 9 億美元。為此，大連公司投資近百億在旅順新廠區建設世界級軌道交通裝備與通用動力機械製造基地。建立了中國首條多制式、多軌距、高架環形試驗線，全長 4.58 公里，具備彎路和坡度、直線和曲線試驗功能，既滿足多軌距、多種電壓制式出車交驗需求，同時具備新車型、新產品研發試驗能力。出口南非內燃機車作為試驗線首款上線產品，可以有效驗證首車質量和性能，為後續整車、散件生產及南非當地國產化提供有力保障。

大連公司與南非國有運輸集團依托優勢，共同開拓南非以及整個非洲大陸軌道交通裝備市場。為南非項目後續的開發供應鏈，如投資建廠、機車維護服務等，創造了大量就業機會，提升當地經濟和鐵路裝備技術水平，促進當地社會經濟發展。

1997 年以來，大連公司研製的內燃機車曾三次進入非洲市場，用於坦贊鐵路，並出口到尼日利亞和剛果（金）。

2017 年 6 月 1 日，大連公司為尼日利亞「量身打造」的首批客運內燃機車正式出口西非。這批機車用於非洲第一條全部採用中國技術、中國標準的尼日利亞現代化鐵路項目阿布賈—卡杜拉段，擔當客運牽引任務，最高時速達到 150 公里。奔馳在非洲大地的中國機車，完全適應非洲雨季和旱季高濕高溫等多種極端天氣，成為「一帶一路」上的新景觀。至今為止，大連公司承攬了向新西蘭、南非、阿根廷等 24 個國家和地區出口機車的項目，總數突破 700 台。

CKD4B 型內燃機車是由大連公司為蒙古伊羅河公司鐵礦石運輸需求研製開發的新型內燃機車。以東風 4D 型貨運內燃機車為基礎，引入了模塊化、人性化設計理念，結合蒙古國鐵路的運用條件和氣候特點，機車採用了 ADLC 微機控制系統、IFCU 型多功能控制器等多項新技術，最大運用功率為 2650 千瓦。其總體佈置合理，便捷性、

舒適性明顯提高。從 2010 年 11 月開始，CKD4B 型內燃機車陸續交付使用。

2009 年和 2011 年，大連公司與新西蘭國家鐵路公司先後簽訂了兩批共計 40 台內燃機車的合同。CKD9B 型內燃機車出口新西蘭，是中國內燃機車產品首次進入發達國家。大連公司在前期成熟技術的基礎上，對機車司機室強度、節能環保、制動系統等方面進行優化，打造高端出口火車頭升級版。機車最大功率 2700 千瓦，最高設計時速 100 公里。至今，大連機車公司累計向新西蘭出口內燃機車達到 63 台。這些中國機車成為新西蘭鐵路運輸的主力機車機型，佔據新西蘭貨運內燃機車的「半壁江山」。

西方發達國家鐵路的安全運行標準、用車理念及相關法律等，都與中國有很大的差別，對機車設計、研製和批量生產有着極其嚴格的要求。大連公司堅持用戶第一理念，在合同執行及後期運營過程中，人機工程、可維護性、可靠性、技術先進性等方面都得到客戶的驗證和廣泛認可。中國內燃機車裝備水平獲得高層次國際社會的認可，翻開了拓展國際市場的新篇章。

2016 年 10 月 15 日戚墅堰公司製造的內燃機車在上海羅涇港碼頭徐徐吊入貨輪，發往阿根廷的用戶。這批出口的 30 台內燃機車，是戚墅堰公司繼 2013 年成功出口阿根廷 24 台客運內燃機車後，再次批量出口。

2017 年 5 月 31 日，肯尼亞蒙內鐵路全線通車。這條從肯尼卡名城蒙巴薩港到肯尼亞首都內羅畢的鐵路全長 480 公里，是肯尼亞首條投入運營的標準軌鐵路，全部採用中國標準。與中國企業承建的「新時期的坦贊鐵路」亞吉鐵路採用電氣化機車不同，蒙內鐵路採用內燃機系統。此次投入應用

的 56 台內燃機車，全部來自中國戚墅堰機車公司。

　　中國內燃機車大踏步地「走出去」，呈現出良好的規模效應和輻射效應，展示了中國製造的實力，打造了中國機車工業的樣板。同時，也提升了中國標準的世界認可度和影響力。

第三章

電力機車風馳電掣

1850 年，馬克思第一次看到電力機車模型時，曾無比欣喜地預言道：「蒸汽大王在前一個世紀中翻轉了整個世界，現在它的統治已到末日，另外一個更大的無比的革命力量——電，將取而代之。」

19 世紀 70 年代，以電力的應用、電動機和內燃機的發明為主要標誌，第二次工業革命興起。新的能源革命推動了電力工業和電器製造等一系列新興工業的迅速發展。電力機車牽引的列車，提高了列車運行速度和承載重量，從而大幅度提升了鐵路品質和運輸能力。

談及中國電力機車的發展，首先會想到「韶山型」系列電力機車。它誕生於新中國，又以毛主席的故鄉韶山命名，乃純正的「紅色基因」。韶山型電力機車以毛澤東手書「韶山」二字為車型標識，是國產電力機車的先驅和主力，在相當長的時間裏一直是中國電氣化鐵路的主打車型。

▶ 韶山 6 型電力機車 （羅春曉攝）

電的發現和電池的發明，讓人們看到了動力革命的新曙光。

人類開始了利用電力改造生活的多方面實踐，以極大的熱情擁抱電氣時代。許多優秀的發明家，前赴後繼，從理論上和實踐中，勇敢地探索電的奧妙與神奇的世界，探索用電力驅動輪子的快樂，贏得了一個又一個的成功。

電力是一種優質而廉價的新能源。用電力驅動的火車輪子，具有功率大、熱效率高、速度快、爬坡能力強和運行可靠等優點，而且不污染環境，特別適用於運輸繁忙的幹線鐵路和隧道多、坡度大的山區鐵路，以及城市地下鐵路。

當世界一些發達國家已經全面推行電氣化時，中國才剛剛從苦難深重的舊時代蘇醒，還無緣於電氣化鐵路。借力蘇聯老大哥的支持和幫助，中國於 1958 年終於成功研製出首台「6YI 型」電力機車。

世界進入電力時代

1866 年，德國工程師西門子發明強力發電機。他與技師哈盧施卡一道聯手創立電機公司，成功製造了世界上第一台電力機車。次年在巴黎博覽會上展出，震驚四方。

在接下來的日子裏，西門子電機公司對電力機車不斷進行改造和完善，發明了真正意義上的電力機車。機車重 954 公斤，裝有 2.2 千瓦的直流電動機，由 150V 的外部直流電源經中間的第三軌供電。1879 年 5 月，在柏林的工商業博覽會上，這台電力機車進行了展示性運行。由帶電鐵軌輸送電流，驅動機車電動機，機車功率為 3 馬力。電力機車牽引的列車一次可運載旅客 18 人，時速 7 公里。

遺憾的是，由於電力機車依賴帶電軌道供電，就當時的技術條件和安全而言，不可能實現長距離帶電軌道供電。由此，導致電力機車的推廣過程十分漫長。

1881 年，西門子公司在柏林郊外建成世界第一條有軌電車線路，總長 24 公里。這段電氣化鐵路規模雖小，但它無疑是世界上最早的營業用電車路線。

在這個時期，還有電力機車研發的迷戀者。他是一位偉大的發明家，名叫愛迪生。他一生共有 2000 多項發明，擁有 1000 多項專利，其中留聲機、電影攝影機、電燈對人類的進步產生了重大影響。

愛迪生研發的輕型電力機車，是在一台自動翻斗車的基礎上改裝而成。安裝有兩台直流電動機，每台功率為 12 馬力。在當時看來，是大功率了。愛迪生的有軌電力線路全長 1200 米，鋪設在加州的門洛帕克小鎮（Menlo Park）。這是一段試驗性質的電氣化鐵路，機車發電機的兩極是通過地下絕緣導線與兩條鋼軌連接在一起的。其中的一條鋼軌用作直通機車頭的直輸線，另外一條鋼軌則為回線。同時，人為地設置了很多陡坡和小半徑彎道，用來試驗電力機車的性能。

1880 年 3 月 13 日，愛迪生的有軌電力機車開始試驗運行。這台電力機車牽引了三輛拖車，其中一輛平板車，一輛帶雨棚的車，還有一輛奢華的普爾曼臥鋪車。電力機車的制動方式採用愛迪生新發明的電磁制動技術。試驗經過了一段時間的磨合期，在不斷排除小故障之後，最終取得了成功。電力機車的運行時速竟然達到了 64 公里。

實際上，不同的文獻資料對當時愛迪生的電力機車試驗速度記錄差別很大。查閱當天美國報紙的新聞報道可知，愛迪生的電力機車時速竟然達到了 103 公里。

1882 年，愛迪生建立了世界上第一個火力發電站。這一年，德國駕空接觸導線供電系統試驗成功，將電氣機車的供電線路由地面轉向空中，突破了遠距離送電難題，供電電壓和機車功率都大大提高。

發電站與輸電網結合，不僅有了電力，而且能夠便捷地將電力送往四面八方。

1890 年，在英國倫敦一段 5.6 公里長的地下鐵道上，首先採用電力機車牽引車輛。1895 年，在美國巴爾的摩鐵路隧道區段，出現了一段 5.6 公里長的直流電氣化鐵路。這是世界上第一條商業運營的主幹電氣化鐵路。電力機車重 97 噸，有四個馬達帶動的車軸，採用 675 伏直流電，功率為 1070 千瓦，從車頂的電力接觸網獲得電力。

電力機車本身不帶原動機，靠接觸網送來電流作為能源。由於不需像內燃機車那樣自帶很重的內燃機引擎及燃油，從而大大減輕了機車的自重，在加減速、高速等方面，電力機車都勝於內燃機車。

進入 20 世紀，以德國為引領的電力機車研究取得突破性進展。1901 年，西門子公司製造的電力機車創造了時速 162 公里的世界紀錄。1903 年 10 月 28 日，西門子公司研製的三相交流電力動車組，在同一線路上，時速破紀錄地達到 210.2 公里。

第一次世界大戰後，隨着歐美經濟復蘇，鐵路運輸進入新的快速發展期，電力機車、內燃機車與蒸汽機車展開了商業競爭。尤其在客運領域，電力機車的優勢日益顯現，並迅速進入高速蛻變期。

也正是這個時候，電力機車進入了中國。1914 年，撫順煤礦在礦區內鋪設了一段帶電的鐵軌，從國外引進了兩台直流小型電力機車，拖着幾節裝煤的車輛，來回忙碌。這是中國有關電力機車運行的最早記錄。在舊中國，電力機車工業一窮二白，僅有的幾台小型電力機車全部在煤礦，都是國外產品。

這時，一些發達國家的電力機車技術發展迅猛，相繼在提高電機功率、車體輕量化、線路電氣化等技術領域取得重大突破。為了解決經濟和人口增長帶來的運能壓力，歐美各國陸續展開鐵路電氣化改造，普遍採用系統相對簡單的直流供電系統，為電力機車提供能量，電壓一般為 1.5 千伏和 3 千伏。

緊接着，交流傳動電力機車試驗取得成功。與直流傳動相比，交流傳動電力機車具有穩定可靠、維護和保養要求低等優勢。1932 年，匈牙利首先成功地在電氣化鐵道上實現了 16 千伏工頻單相交流電供電。但是，由於交流接觸網供電系統過於複雜，交流電力機車最初無法與直流電力機車競爭。直到 30 年代後期，隨着水銀整流器、引燃管等整流器件的應用，基本上解決了交流變直流的整流問題，交流電力機車中的直流電機才得以發展。

1934 年，意大利墨索里尼政府提出了一個雄心勃勃的計劃，要修建一條貫通全國南北的電氣化鐵路，將米蘭、博洛尼亞、佛羅倫薩、羅馬、那不勒斯等主要城市連接起來，全程 700 餘公里。意大利希望這條電氣化鐵路成為國家尖端工業的象徵。

為此，意大利軍工巨頭埃內斯托・布雷達公司與都靈理工人學合作，研製新型的「ETR200 型」電力機車。1936 年，布雷達公司試製出首輛樣車，設計時速 175 公里。1937 年，由新型電力機車牽引的列車在博洛尼亞—那不勒斯鐵路線投入運行。這是當時歐洲速度最快、最為豪華舒適的旅客列車，只配備頭等艙，裝備自動調溫器、全景天窗和躺椅。1939 年 7 月 20 日，改進後的 ETR212 型電力機車創造了時速 203 公里的好成績。

二戰後，法國高速電力機車異軍突起。1955 年 3 月 29 日，法國 Jeumont-Schneider BB9004 型電力機車，在波爾多—達克斯鐵路，創下時速 331 公里的世界紀錄。

2006 年 9 月 7 日，奧地利聯邦鐵路的 1216050-5 電力機車在德國

紐倫堡——英戈爾施塔特新建電氣化鐵路線上，創造了時速357公里的電力機車新世界紀錄。

實踐表明，電力機車行駛輕盈、起速平穩，有功率大、速度快、爬坡能力強、整備作業時間短、維修量少、運營費用低等諸多明顯優勢。特別適應在運輸繁忙的鐵路幹線和隧道多、坡度陡的山區線路上運行。

電力機車沒有煤煙污染，節能環保，可為旅客列車空氣調節、電熱取暖提供便利條件。在綠色環保的今天，大力發展電氣化鐵路勢在必行。正因如此，電力機車以其迷人的身姿，坦然地面對世界，受到人們的青睞。

向蘇聯學習

中華人民共和國成立後，中國成為社會主義大家庭的一員，虛心向蘇聯老大哥學習，真誠地拜他們為師，曾一度得到了老大哥的無私援助和大力支持。

在蘇維埃政權建立初期，列寧就高瞻遠矚地提出了實現國家電氣化的目標。1913年，蘇聯沿鐵路線只有300個車站使用電燈，沒有一公里的電氣化鐵路。1926年，蘇聯第一列電力火車載着幾百名工人，從巴庫開到薩崩奇油礦，開始了蘇聯電氣化鐵路的美好征程。1957年，蘇聯發電量達到2097億度，比1913年增長了100多倍，比蘇聯電氣化計劃所規定的88億度目標也增加了好幾十倍。1958年，蘇聯的發電量的年增長額就達到了230億度。蘇聯電力工業的迅速發展，為鐵路電氣化創造了良好的條件。到1958年，蘇聯電氣化鐵路線的長度就達到了9500公里，比美國長一倍，等於英、法和聯邦德國三國電氣化鐵路的總和，穩穩地

躍居世界第一。

中華人民共和國成立後，立即開始了一項雄心勃勃的計劃：將牽引國民經濟的重要動力——火車，從蒸汽時代升級到內燃和電氣時代。1956 年，鐵道部制定了《鐵路十二年科技發展規劃》，首次提出了鐵路牽引動力的技術改造，由蒸汽機車向電力機車、內燃機車轉型的步驟和計劃。

1957 年 11 月，毛澤東主席率中國黨政代表團參加蘇聯十月革命 40 周年慶祝活動。50 位科學技術人員與之同行，考察學習蘇聯電氣化技術。次年 2 月，中國開始啟動工作推進程序，組織了電力機車考察團赴蘇聯進行為期四個月的電力機車製造技術考察學習。通過實地考察學習，結合中國國情，專家們明確了中國電力機車研製路線圖：以蘇聯當時最新型、剛投入批量生產的 VL60 型電力機車為原型車，結合中國鐵路的技術規範和線路情況進行改進完善，仿製生產中國自己的電力機車。

1958 年 6 月，考察團回國後，鐵道科學研究院立即組織成立了電力機車設計處。在蘇聯專家幫助下，由鐵道科學研究院、上海交通大學、北京鐵道學院、唐山鐵道學院等院校共同參與，迅速展開了中國電力機車的設計研製工作。

這一年 7 月，由國家技術委員會等部門組成的技術審查委員會，在湘潭電機廠召開專門會議，審核了國產電力機車的設計任務書和技術設計方案。方案以蘇聯 VL60 型電力機車為原型車，從中國鐵路實際情況出發，對原型機車設計圖紙進行大量修改和完善，重大修改多達 78 處。譬如說，蘇聯電力機車的司機室設置在機車中部，中國電力機車的司機室改成了兩頭設置。這樣不僅美觀、大氣，而且方便司機瞭望。

隨即，鐵道部確定了生產廠家和推進方案。決定選擇在湖南株洲田心機車車輛廠、湘潭電機廠開動首台國產電力機車試製工作。

就這樣，中國鐵路人拉開了中國電力機車研製的序幕。

起步「6Y1 型」

1958 年 8 月，株洲田心機車車輛廠和湘潭電機廠呈現出一片欣欣向榮的景象。大幅的宣傳標語，忙碌的上上下下，都在印證一個熱火朝天的時代。

這兩家工廠都創建於 1936 年。株洲田心機車車輛廠誕生於抗日戰爭，經歷了解放戰爭，從戰火中一路走來，飽經戰爭滄桑，立志鐵路報國，擁有大量的技術設備和人才儲備。湘潭電機廠的前身是國民政府資源委員會中央電工器材廠，抗日戰爭期間，工廠內遷昆明、桂林等地。曾與美國西屋電氣公司簽訂過技術引進合同，具有較強的電工產品生產能力，是中國最早生產汽輪發電機、水輪發電機和電動機的企業。

當時的研製分工是，株洲田心機車車輛廠負責機車車體、轉向架等機械部分；湘潭電機廠負責牽引電動機、整流裝置等電氣部分。設計圖紙分解後，陸續下發到各廠的鑄鋼、鍛冶等生產車間。儘管缺乏先進技術和先進設備，廣大技術人員和工人們憋着一股勁，錘敲火焊，拼裝打磨，不到四個月時間，就將車體和轉向架等機械部分製造完畢。

1958 年 11 月 18 日，剛剛下線的電力機車車體、轉向架等機械部分從廠區被運到株洲北站，經過列車編組後，由一台蒸汽機車拉着駛往湘潭電機廠進行組裝。

經過 40 天的緊張組裝，1958 年 12 月 28 日，中國第一台自主生產的電力機車在湘潭電機廠下線，定型為「6Y1 型」，編號 0001。被譽為國產「第一號」。其中「6」代表

機車有六根車軸，「Y」代表採用引燃管整流，「1」代表第一種型號。6Y1 型電力機車為客、貨兩用幹線機車，採用低壓側調壓開關調壓，功率為 3900 千瓦，最高時速 100 公里。

1958 年 12 月 31 日，6Y1 型電力機車拉到北京，在環形鐵道試驗線進行試驗。可惜由於機車頻頻出現故障，試驗一度中斷。技術人員帶着零部件，從湖南急匆匆地趕到北京進行維修。先後更換了機車的引燃管、電動機、組合開關等一批重要部件。

1959 年國慶節期間，6Y1 型電力機車與國產巨龍型、先行型、衛星型內燃機車一道，作為社會主義的偉大成就，相聚首都北京，集體亮相。同年 12 月，6Y1 型電力機車參加全國工業交通展覽會，獲得了國家科技一等獎。

1960 年，隨着法國 6Y2 型電力機車的引進，株洲田心廠、株洲電力機車研究所積極借鑒國外機車的先進技術，對 6Y1 型機車持續進行技術改進，機車性能趨於穩定。

1961 年 5 月，中國第一條電氣化鐵路——寶成鐵路寶雞至鳳州段開通在即。6Y1 型電力機車乘勢而上，展開了在實際運行環境下的牽引試驗。從楊家灣車站到秦嶺大隧道，儘管直線距離只有 6 公里，但坡度達到 30%。在如此大坡道上進行試驗，在場的技術人員都捏了一把汗。為了確保萬無一失，技術人員做了多套方案，甚至在列車尾部加掛了一台蒸汽機車作為備用動力。

6Y1 型電力機車在寶成線大坡道牽引試驗取得成功。然而，在接下來的試驗中，機車的電機和整流技術仍然沒有完全過關，導致故障頻發。1962 年至 1966 年間，針對 6Y1 型電力機車出現的問題，先後又進行了 30 餘項重大改進。

隨着中國半導體技術的突破性進展，迎來國產電力機車的曙光。1966 年 6 月，從 6Y1 型 0004 號電力機車開始，新型的國產大功率硅半導體整流器取代了陳舊的引燃管技術，實現了國產電力機車的「蛻

變」。機車共採用 960 隻硅元件，運用效果良好。

　　然而，整流故障消失了，新的故障依然頻發。1967 年，技術人員在分析借鑒 6Y2 型電力機車技術時，發現 6Y1 型電力機車牽引電動機故障率高的問題，是由於沿用的蘇聯 H60 型電力機車牽引電機設計中的根本性缺陷所致。經過技術攻關，中國技術人員研製出了 1500 伏四極帶補償繞組的 ZQ650-1 型牽引電動機，設置了空心電抗器，減小了過渡電流的衝擊。經過一系列的技術改進，基本上解決了 6Y1 型電力機車引燃管、調壓開關和牽引電機三大問題。

　　回首往事，冷靜分析。由於建國初期，鐵道部依據中國國情和鐵路裝備實際，確定了「內燃、電力並舉，以內燃為主」的方針，在促進內燃機車快速發展的同時，曾一度延緩了國產電力機車的發展進程。1958 年到 1967 年的 10 年時間裏，包括田心機車車輛廠改名株洲電力機車廠後，總共只研製生產了 5 台電力機車，均屬於 6Y1 型電力機車產品。而這些缺陷眾多的國產電力機車，始終只能在寶鳳電氣化路段上試運行。

韶山是毛主席的故鄉。幾十年來，國產韶山 1 型、2 型，到 3 型⋯⋯直到韶山 9 型幹線客運電力機車，經歷了「三代」發展階段，技術不斷突破，陣容不斷強大，形成了龐大的「韶山型」系列電力機車產品。

按國際慣例而言，電力機車的分代與內燃機車有些相似，都是以電傳動方式為標誌，如最原始的「直流—直流」電傳動方式，即直流電網供電，驅動機車直流電機，為第一代；「交流—直流」電傳動方式，即交流電網供電，機車整流後，驅動直流電機，為第二代；目前先進的「交流—直流—交流」電傳動方式，即通過交流電網供電，由機車整流為直流，再逆變為交流，驅動交流電機，為第三代。前兩代，機車都是由直流電機驅動。第三代則是交流電機驅動。交流電機具有體積小、功率大的明顯優勢。

國產電力機車的分代則有所不同，主要是依據機車電流調壓技術的類型確定的。所謂機車電流調壓，就是接觸網下來的交流電，經過機車整流變成直流電。最早的國產電力機車技術是借鑒蘇聯的，也就省去了「直—直」電傳動的原始階段。「國產一代」是有級調壓；「國產二代」是級間相控調壓；「國產三代」是無級調壓。實際上，國產一代、二代、三代電傳動技術，與國際上第一代電力機車為同一類型，屬於「交流—直流」電傳動方式。

取名毛主席故鄉

位於湖南省的株洲電力機車公司，享有「中國電力機車搖籃」之譽。

株洲公司的主打產品「韶山型」系列電力機車，是中國

▲ 韶山 1 型電力機車 （羅春曉攝）

電力機車的標誌，是以毛主席故鄉命名的。這個時代的印跡，詮釋了
這座工廠的「紅色基因」和悠久歷史。

　　1968 年 3 月，正值「文革」期間，株洲廠向鐵道部提出，希望
對 6Y1 型電力機車定型並投入批量生產。4 月 27 日，鐵道部軍管會
做出決定，批准株洲廠生產的 6Y1 型電力機車為定型產品，並決定以
毛主席的誕生地韶山，命名中國自行研製的電力機車。6Y1 型電力機
車正式更名為「韶山 1 型」。同年，6Y1 型 008 號電力機車作為首台
韶山 1 型電力機車，開啟了「韶山」國產電力機車的歷史。

在那個特殊的年代，以偉大領袖毛主席的故鄉韶山命名，乃無上光榮，無疑是對全國機車車輛工業戰線的職工，乃至廣大鐵路職工的巨大鞭策和極大鼓舞。

韶山 1 型電力機車是國產第一代幹線客貨電力機車。採用有級調壓，「交流─直流」電傳動方式。1958 年至 1988 年間，株洲廠累計生產韶山 1 型電力機車 826 台（包括 7 台 6Y1 型，大部分用於寶成線等山區電氣化鐵路）。其間，一直沒有停止技術改進的腳步，逐步跳出了仿製的技術限制，機車性能得到不斷完善和優化，基本適應了中國電氣化鐵路的需要。

到 1980 年，韶山 1 型電力機車基本定型。經鐵道部審定，從韶山 1 型 221 號電力機車起，開始組織大批量生產。至此，距首台 6Y1 型電力機車出廠已經超過 20 年的時間。

20 世紀 70 年代至 80 年代，韶山 1 型電力機車一度成為中國電氣化鐵路幹線的主型機車，其研製經驗和技術成果為國產電力機車的發展奠定了堅實的基礎。

1969 年，株洲電力機車廠試製出了「韶山 2 型」6 軸單相工頻半導體整流電力機車，持續功率 4440 千瓦，最高運行時速達到 100 公里。

韶山 2 型電力機車在高壓側調壓開關、牽引電動機、轉向架結構和彈性齒輪傳動等方面，達到了 60 年代國際先進水平。1969 年 10 月至 1970 年 1 月，韶山 2 型電力機車在寶成鐵路寶雞至鳳州、廣元至馬角壩區段進行試驗運行。試驗結果表明，機車牽引和電阻制動功率均可充分發揮，運行性能達到了設計要求。

這時，株洲電力機車研究所成功試製出 200 安 /800 伏的大功率可控硅元件。科技人員積極應用這一新成果，對韶

山 2 型電力機車進行技術改造，將原牽引電路中的橋式硅整流機組改裝為可控硅半控橋式整流機組，研製成功中國第一台相控無級調壓調速、恆流恆速控制的電力機車。

1973 年 9 月，韶山 2 型電力機車回廠進行第二次技術改造。採用了他勵牽引電動機和電子控制等新技術，從而提高機車黏着利用，更充分地發揮機車的功率，大大改善機車牽引性能。1975 年 7 月，韶山 2 型電力機車投入寶成鐵路運行。1978 年，榮獲全國科學大會獎。

受制於當時中國薄弱的工業基礎，韶山 2 型電力機車部分部件不具備批量生產的條件，僅試製了一台。但韶山 2 型電力機車的試驗記錄和改進經驗，為後來韶山 1 型電力機車的改進，以及韶山 3 型和其他國產電力機車的研製和改進積累了大量經驗。

1982 年，韶山 2 型電力機車停用，1994 年報廢拆解。目前，中國鐵道博物館詹天佑紀念館保存有一台韶山 2 型電力機車的比例模型。

進入 21 世紀，早期生產的韶山 1 型電力機車的使用壽命已經接近或超過 30 年，開始進入報廢階段。許多韶山 1 型電力機車相繼被封存或按廢鐵拆解出售。

2014 年 9 月 19 日晚 21 時 59 分，韶山 1 型 309 號電力機車完成了鎮城底—太原的 6806 次客車牽引任務，返回太原機務段後退役。自此，國家鐵路所持有的韶山 1 型電力機車全部退出運營。

榮耀的「國產二代」

「韶山 3 型」幹線客貨電力機車，採用級間相控調壓，「交流—直流」電傳動方式，是國產第二代電力機車中的經典車型。1979 年研製成功，1986 年投入批量生產。

1976 年，針對當時韶山 1 型電力機車存在的問題，在研製韶山 2

▲ 韶山 3 型電力機車 （羅春曉攝）

型電力機車經驗的基礎上，株洲電力機車廠和株洲電力機車研究所向鐵道部提出建議，改進韶山 1 型機車，設計韶山 3 型電力機車。

　　1977 年 11 月 28 日，鐵道部發文同意改進韶山 1 型電力機車，要求新型電力機車提高可靠性、增強防寒性，適應晉煤外運鐵路沿線氣候條件，適用於山區與平原共用，着力解決軸重轉移、輪緣磨耗和動力學等問題。

　　在認真學習借鑒法國進口 6G 型電力機車先進技術基礎上，研製單位以韶山 1 型 031 號機車作為技術驗證車，採用橋式全波整流、低壓側調壓開關與晶閘管相控相結合的調壓方式實現了調壓開關 8 級級間晶閘管相控平滑調壓。這種調

壓方式實際上是一個過渡方案。由於當時中國大功率晶閘管的製造技術水平相對落後，採用級間相控調壓能夠降低晶閘管容量，從而避免直接上馬相控電力機車帶來的技術風險。

試驗結果顯示，新型電力機車性能有較大改善，與原來有級調壓相比，機車起動牽引力提高了 13%~18%，坡停起動時機車發揮功率提高了 2~4 倍。

1978 年 12 月 30 日，韶山 3 型 001 號電力機車下線。次年 3 月，在第一期性能測試中，發現機車性能仍然存在較大問題。包括主變壓器參數不達標、調壓開關聯鎖程度不暢、恆流控制環節的精度和廣度不夠等。

經過一年的改進與完善，通過採用大功率硅整流管和全波整流電路、晶閘管相控平滑調壓和串勵四極脈流牽引電動機等國際先進技術，機車性能和品質大大提高。試驗中，韶山 3 型 001 電力機車牽引 4230 噸貨物列車，在平道、半徑為 1433 米的線路上，運行時速達到 94 公里，各項主要性能指標已達到設計要求。

1980 年 7 月起，韶山 3 型 001 號電力機車配屬成都鐵路局馬角壩電力機務段，在寶成鐵路投入運行考核，總運行里程超過 21 萬公里。1982 年 12 月，韶山 3 型電力機車通過鐵道部技術鑒定。由此，株洲電力機車廠開始小批量生產韶山 3 型電力機車，並於 1986 年底開始大批量生產，以取代韶山 1 型電力機車。

1991 年，株洲廠與株洲所對韶山 3 型電力機車進行技術改進，採用晶閘管相控平滑調壓新技術，並對轉向架、電阻制動等方面做出改進，定型為韶山 3 型 4000 系。1991 年 7 月投入運行考核，試驗證明，其黏着利用比改造之前提高了 10%，且牽引電動機和電子系統故障率大大降低。

經過不斷改進完善，韶山 3 型電力機車技術含量得到穩步提升，功率大、加速大、牽引性能好，最高時速達到 100 公里。其持續功率

為 4320 千瓦，比韶山 1 型電力機車提高 14.3%；輪周電阻制動功率達到 4000 千瓦，比韶山 1 型電力機車電阻制動功率提高 25%，表現出較強的制動力優勢。

韶山 3 型電力機車車體採用框架式整體承載結構，工藝性好、材料強度高、性能可靠，可滿足事故工況下救援起吊機車的承載要求。大面積立式百葉窗車體通風方式，有利於改善濾塵網式結構的濾塵性能。車內設備斜對稱佈置，雙邊走廊，成套安裝，具有較好的工藝性、維修性和巡視性。

由此，韶山 3 型電力機車具備了恆流起動、準恆速運行、加饋電阻制動、防滑防空轉等一系列優秀品質和特質。先後榮獲國家科技進步二等獎、國家優質產品獎。

韶山 3 型 4000 系電力機車早期曾被稱為「韶山 3B 型」，但新型號並未獲得鐵道部批准，官方規範的命名仍沿用韶山 3 型。而正式命名的韶山 3B 型電力機車，是 2002 年開始組織生產的韶山 3B 型雙機重聯電力機車。火車迷們對前者用「小 3B」，後者用「大 3B」的稱呼以示區別。

韶山 3 型電力機車曾多次參與中國鐵路重載試驗。1983 年 11 月 25 日，為配合大秦鐵路的建設，在北京環形鐵道試驗線進行了首次萬噸重載試驗。由韶山 1 型、3 型電力機車雙機牽引重載貨物列車，總重 10081 噸，列車全長 1748 米，由 102 節車輛編組而成。1990 年 6 月 10 日，韶山 3 型電力機車雙機重聯成功進行了牽引萬噸重載列車試驗。列車全長 1700 米，牽引總重為 10698 噸，其緊急制動距離不到 800 米。

多年來，除了株洲電力機車廠外，大同電力機車廠、資陽機車廠、太原機車車輛廠也都曾經製造過韶山 3 型電力機車。截至 2006 年停產，累計產量超過 1500 台。

合二為一「韶山 4」

「韶山 4 型」雙機重聯 8 軸大功率幹線貨運電力機車，採用無級調壓、「交流—直流」電傳動方式，是國產三代首型機車。由株洲電力機車廠設計製造。由各自獨立又互相聯繫的兩節車組成，合二為一，可由司機在任何一端司機室對機車進行控制，也可以分離作為兩台 4 軸機車獨立運行。具有恆壓或恆流控制的牽引特性和恆速或恆勵磁控制的電阻制動特性，牽引功率達 6400 千瓦。

進入 20 世紀 80 年代初，改革開放促進了經濟大發展。鐵路運輸量日益增長，由於一些幹線鐵路列車牽引噸數和貨車軸重受設備條件限制，運輸能力不能適應經濟社會發展。由此，鐵道部決定正式啟動重載運輸的研究和實踐。

1981 年，鐵道部下達《韶山 4 型電力機車設計任務書》，由株洲電力機車廠和株洲電力機車研究所承擔研製工作。1985 年 9 月，首台韶山 4 型電力機車下線，這是當時國內功率最大的貨運電力機車。

1987 年初，韶山 4 型 0001 號機車在北京鐵路局管內京包鐵路投入 10 萬公里運用考核，擔當大同至張家口的電氣化區段貨運任務。韶山 4 型 0002 號、0003 號機車則進行了整機鑒定試驗及十大主要部件的型式試驗考核。1988 年 6 月 15 日，韶山 4 型電力機車通過了國家級產品鑒定。鑒定會議認為，韶山 4 型機車性能指標達到了 80 年代初期國際上直流相控電力機車先進水平。

1989 年，韶山 4 型電力機車開始投入批量生產，並於同年獲國家科技進步一等獎。韶山 4 型電力機車繼承了「韶山」系列機車的優勢，同時採用了相控平滑調壓、800 千瓦直流牽引電動機、雙軸轉向架、水平牽引拉桿等大量新技術，機車品質大幅度提升。

在韶山 4 型電力機車的研製過程中，乘着改革開放的春風，中國分別從歐洲、日本、蘇聯購買了 8K 型、6K 型、8G 型電力機車，均

▶ 韶山 4 型電力機車 （羅
春曉攝）

為當時世界上技術最先進的直流相控電力機車系列。特別是在購買 8K 型、6K 型電力機車的同時，引進了先進電力機車技術，對研製國產系列電力機車產生重大影響。

1991 年，株洲廠通過模仿 8K 型、6K 型機車的微機控制系統，為韶山 4 型 0038 號機車進行了實驗性加裝微機控制的技術改造，成為中國鐵路第一台採用微機控制的國產電力機車。1992 年初，在寶成鐵路投入運行，雖然微機系統的用戶界面、抗干擾能力仍有不足之處，但控制性能已達到設計要求，其研製和使用經驗後來成為韶山 8 型電力機車微機控制系統的基礎和改進方向。

▼ 韶山 4 型電力機車牽引 2 萬噸重載列車馳騁在大秦線永定河大橋上　（李祥國攝）

1993 年，株洲電力機車廠、株洲電力機車研究所針對早期韶山4 型電力機車的主要問題，從韶山4 型 0159 號機車開始進行重大改進，研製了韶山4 改進型機車（SS4G），同年開始批量生產，但規範的機車型號仍統一為韶山4 型電力機車。

韶山4 改型電力機車吸收了 8K、6K 型機車的電氣技術，其質量、可靠性比韶山4 型有較大提高。機車改為採用不等分三段橋相控調壓，機車控制為恆流恆速特性控制，採用中央低位斜桿牽引裝置，增加功率補償、加饋電阻制動等。

在韶山4 改型電力機車的基礎上，株洲廠、株洲所於 1995 年成功研製出韶山4B 型電力機車。韶山4B 型電力機車充分消化吸收了 8K 型、6K 型機車的先進技術，採用新型牽引電動機、懸掛系統、微機控制等新技術。

1997 年，株洲廠從韶山4 型 0480 號機車開始新一輪技術改進。改進更新了主斷路器、交流接觸器、速度傳感器等新配置，增加了地面感應器、數字化通用式機車信號機、機車信號顯示器等新部件。

株洲所和大連機車車輛廠共同研製的韶山4 改型網絡重聯貨運機車，於 2004 年問世。這是繼韶山3B 型電力機車之後，又一次以網絡技術改造傳統機車。通過網絡將兩台韶山4 型機車重聯，組合成 16 軸重載貨運重聯機車車組。採用微機控制系統，實現了機車的內重聯與外重聯。兩台機車車內所有的智能設備，均可以通過車輛總線連接。這一年 12 月 12 日，大秦鐵路首次進行 2 萬噸重載組合列車試驗取得成功，重載試驗貨運列車由 4 台韶山4 型機車牽引 4 組 5000 噸列車組成。

根據鐵道部統一安排，株洲廠先後向大同、大連、資陽機車廠轉讓了韶山4 改型圖紙和生產技術。截至 2006 年，四家工廠累計生產了 1419 台韶山4 改型電力機車。

受技術難題和生產工藝的困擾，在很長一段時間內，國產韶山型電力機車的研製一直是艱難前行。為了滿足鐵路運輸需求，國家只能進口先進的電力機車，以解決國產電力機車供應不足的難題。

我們不難發現，採取兩條腿走路的方針，堅持自力更生與引進消化並舉，這是我們的國策。注重學習借鑒國外先進技術，盡快縮小與先進國家的技術差距，迎頭追趕世界潮流，這是時代的緊迫感。

20 世紀 60 年代初，鐵道部開始啟動進口電力機車工作。改革開放後，中國採取進口電力機車與技術轉讓並舉的方式，加快了電力機車的進口和先進技術的引進。分別從法國、德國、日本、蘇聯購買了 6Y2 型、6G 型、DJ1 型，以及 8K 型、6K 型、8G 型等多種型號的電力機車，均為當時世界最先進的高壓側調壓開關或直流相控電力機車系列。

進口先進電力機車，在緩解中國鐵路運輸動力緊張局面的同時，也極大地促進了國產電力機車技術水平的提升，促進了國產電力機車設計思想、項目管理和配套技術的提升。國產韶山型電力機車技術實現重大突破，「奧星」等高速國產電力機車相繼問世，形成了良好的「馬太效應」。

阿爾斯通打前站

法國阿爾斯通「6Y2 型」電力機車拉開了中國電氣化鐵路正式開通的序幕。阿爾斯通是全球軌道交通、電力設備和電力傳輸基礎設施領域的領先企業，以創新環保的技術而聞名。

20 世紀 60 年代初，國產 6Y1 型電力機車還處於試運行

階段，沒能實現批量生產。1961 年 5 月，6Y1 型電力機車赴寶成鐵路實地試運行，但由於製造工藝較差，且制動性能不良又缺乏電阻制動，列車下坡時危險性較大。

為了保證寶成鐵路的正常開通運營，鐵道部從法國阿爾斯通公司進口了 25 台電力機車作為過渡。按規範要求，國外進口機車加入「中國籍」後，都應該編入中國序列。於是這批進口電力機車定型為「6Y2 型」。

中國電力機車的命名方式是，「機車軸數 + 整流元件類型 + 型號」的組合方式命名。其中數字代表機車軸數，而「G」代表硅半導體整流，「K」代表可控硅整流，「Y」代表引燃管整流。進口電力機車也均按照此方式命名。

顧名思義，6Y2 型電力機車的「6」代表 6 軸機車，「Y」代表引燃管整流，「2」代表第二種型號。按先後順序，這個型號的排列，緊跟國產 6Y1 型電力機車之後。

6Y2 型電力機車是從國外進口的首款電力機車。原型車為法國出口蘇聯的 F 型電力機車。6Y2 型電力機車是在 F 型電力機車基礎上，根據中國鐵路實際運用條件改進而成，兩者的結構基本相同，在車體和轉向架等機械部分參考了法國國鐵 CC7100 型電力機車，而電氣傳動部分則借鑒了 BB12000 型、BB16000 型等法國第一代交流電力機車的牽引控制系統。與 6Y1 型電力機車相比，6Y2 型電力機車採用了更先進的高壓側調壓開關，而且帶有再生制動。其持續功率為 4620 千瓦，最高運行時度為 100 公里。

1960 年 7 月，阿爾斯通首批 6Y2 型電力機車運抵中國。鐵道部將這批機車配屬給中國第一個電力機務段——寶雞電力機務段。同年 11 月上線運用，成為寶成鐵路寶鳳段電氣化鐵路的主力機車。由此，拉開了中國電氣化鐵路的序幕。

鑒於 6Y2 型電力機車的良好表現，為了滿足寶成鐵路在實現全線

電氣化後的運輸需求，1972 年，鐵道部向法國阿爾斯通公司訂購了第二批 40 台電力機車，定型為「6G 型」。6G 型電力機車的機械部分與 6Y2 型機車基本相同，但電氣部分以大功率硅整流器取代了引燃管，牽引控制方式改用兩段半控橋整流輸出，取代了高壓側調壓開關，牽引功率提高到 5400 千瓦。

1972 年 7 月，法國 6G 型電力機車陸續運抵中國。由於 6Y2 型電力機車的故障率隨着運用公里數增加而日益提高，6G 型電力機車上線後，6Y2 型機車隨即退居二線。先是封存在有關鐵路局備用，幾年後退役報廢。至 90 年代初，隨着寶雞機務段增配了韶山 3 型、韶山 6B 型電力機車，6G 型電力機車開始報廢。

6G1 型電力機車與 6G 型電力機車一道，同為中國引進的第二批電力機車。由羅馬尼亞國營克拉約瓦機車廠製造，總共兩台。原型車是羅馬尼亞國鐵 40 型電力機車，牽引功率 5100 千瓦。1973 年，6G1 型電力機車投入寶成鐵路運用，1990 年全部報廢。

90 年代初，隨着世界交流傳動技術的成熟，交流傳動技術逐步成為電力機車發展的必然趨勢。為了加快中國電力機車從直流傳動向交流傳動的轉換，鐵道部除了立項啟動 AC4000 型交流傳動電力機車的研製工作，同時考慮通過採用技貿結合、合資生產方式引進國外先進技術，盡快提升中國電力機車技術水平。

1993 年底，株洲電力機車廠與德國西門子交通集團開始就引進電力機車的技術、合作形式進行洽談。1997 年 3 月，中國機械進出口總公司、鐵道部與西門子交通集團正式簽訂了 20 台交流傳動電力機車的供貨和技術轉讓合同。

▲ 德國 DJ1 型電力機車 （羅春曉攝）

合同總值 7000 萬歐元，由鐵道部借用奧地利政府貸款支付。合同規
定，首 3 台由奧地利西門子公司格拉茲工廠建造，並整車付運中國。
其餘 17 台則由西門子公司和株洲電力機車廠、株洲電力機車研究所
合作，共同成立合資公司，並通過技術轉讓在中國國內組裝生產。

　　這批機車定型為「DJ1 型」電力機車。這是一種新的命名方式，
其中「D」代表電力機車、「J」代表交流傳動。DJ1 型電力機車是由
西門子公司以第二代「歐洲短跑手」（Euro Sprinter）系列電力機車作
為技術平台、在 ES64F 型電力機車（德國鐵路 152 型電力機車）基礎
上，專門為中國鐵路設計製造的雙節重聯 8 軸重載貨運電力機車。機

車為「交流—直流—交流」電傳動方式，採用了異步交流牽引電動機、水冷 GTO 牽引變流器及「SIBAS32」微機控制系統等新技術。

這次進口國外電力機車的積極意義在於，西門子公司向中方轉讓的技術涵蓋了車體、轉向架、主變壓器等重要部分。DJ1 型電力機車採用逐步提高國產化比率的方式，從第 4 台機車（首台國產化機車）開始採用國產化車體和屏櫃組件，從第 15 台機車開始使用國產化的交流傳動系統，最後一台機車採用國產化零部件，包括轉向架等。

2001 年 5 月 31 日，首台 DJ1 型電力機車在奧地利格拉茲工廠竣工。年底，三台原裝進口的 DJ1 型電力機車經海路運抵中國天津港。次年 7 月 8 日，首台在中國國內生產的 DJ1 型電力機車，在株洲西門子牽引設備有限公司下線。時任鐵道部總工程師王麟書和西門子交通集團機車部門總裁沃爾克·克費爾（Volker Kefer）出席了典禮。至 2003 年 7 月，株洲西門子牽引設備有限公司生產的最後一台 DJ1 型電力機車下線，並交付使用。

2003 年 8 月，20 台 DJ1 型電力機車全部改配屬北京鐵路局大同鐵路分局湖東電力機務段。投入運用後，獲得良好的評價。運用部門普遍認為，機車牽引力大、操縱方便舒適、自動化程度高、經濟性較好，牽引時功率因數接近 1。

由於 DJ1 型電力機車數量僅 20 台，造成小批量生產的國產零部件價格較高，加之 DJ1 型電力機車為西門子公司的產品，其微機控制系統有關部分仍受到專利技術保護，對機車的故障診斷、維護檢修造成一定困難。此外，由於在大秦鐵路超負荷的運用，部分機車損壞嚴重，只能長期停機待修或封存。面對這一局面，寶雞電力機務段運用車間制定了

「維持使用，損壞一台，報廢一台」的原則，直至全部報廢。2013 年 3 月末，DJ1 型電力機車被全部停用封存。

「法國橙」的身影

20 世紀 80 年代中葉，當橙色塗裝的法國 8K 型電力機車突然出現在中國鐵路線上時，讓習慣了墨綠色電力機車的國人眼睛一亮。火車迷們給洋機車取了一個好聽的名字：「法國橙」。他們認為，「法國橙」展示着法國電力機車的高貴血統和優良品質。

1978 年底，黨和國家的工作重心轉移到經濟建設上來。鐵道部提出，用 8 年時間，讓電力、內燃機車牽引承擔的鐵路貨運量達到 65% 以上，其中電力機車務必達到 35% 以上。

改革開放之初，中國電力機車與一些發達國家的相比，技術水平嚴重滯後。1980 年，國產一代採用調壓開關調壓的韶山 1 型電力機車才開始投入批量生產；國產二代採用級間相控調壓的韶山 3 型電力機車剛剛試製成功；國產三代採用相控無級調壓的韶山 4 型電力機車仍處於計劃階段。而這個時期，一些發達國家的相控電力機車已經十分成熟，並正在向交流電傳動技術發展。

此時，中國鐵路運能與運量的矛盾十分突出，特別是煤炭運輸告急。1983 年，僅山西省就積壓待運煤多達 3000 餘萬噸，不少煤礦的煤堆積如山，經常發生自燃和被洪水衝走。為了提高晉煤外運能力，1981 年，豐沙鐵路、京包鐵路大同至沙城段電氣化改造工程相繼動工。1982 年，石太鐵路的電氣化改造完成。1983 年，國務院正式批准修建大秦電氣化重載鐵路晉煤外運通道。

在國產電力機車數量、質量均不能滿足需要的情況下，鐵道部決定從國外購買電力機車，一方面解決當時晉煤外運運力不足、適應電氣化鐵路增長的需求，另一方面引進國外先進技術，盡快縮短中國與

世界先進水平間的差距。

1982 年，世界銀行鐵路項目負責人訪問株洲電力機車廠，專程了解貸款項目意向。當時中方的意見是，提高中國自身的電力機車生產能力，比長期使用貸款購買外國電力機車對中國更有利。世界銀行邀請中國派員考察先進國家的電力機車技術。

1983 年 10 月至 12 月，鐵道部派出了電力機車技術考察組出訪歐洲，前往英國、瑞士、瑞典、法國四個電氣化鐵路比較先進的歐洲國家，調研電力機車技術、生產、運用和維修等方面的情況，對國際上多種主流電力機車車型進行比較。包括英國的 87 型電力機車，瑞典國鐵的 Rc 系列電力機車，法國國鐵的 BB15000 型、BB22200 型電力機車，以及瑞士聯邦鐵路的 Re6/6 型電力機車，等等。

考察組通過對國外電力機車工廠和電氣化鐵路的實地考察，深刻認識到要在短期內全面提高國產電力機車水平，很有必要引進國外的先進技術，為我所用，創新發展。

1985 年初，鐵道部啟動了中國鐵路第一個技術和貿易結合的大型採購項目，利用世界銀行和其他國家的貸款，採取國際招標、技貿合作等方式，引進一批大功率電力機車。對於機車選型，主要考慮是要滿足鐵路貨運的牽引要求、質量上可靠耐用，並對國產電力機車有借鑒作用。

緊接着，鐵道部通過中國機械進出口總公司向世界著名的機車製造商發出招標書，參加招標的公司包括以法國阿爾斯通公司為首的歐洲五十赫茲集團、瑞典通用電機（ASEA）、美國通用電氣（GE）、捷克斯洛伐克斯柯達、德國西門子，以及由三菱、日立、東芝組成的日本財團、羅馬尼亞克拉約瓦電力機車設備、南斯拉夫康查爾電氣等共七個

國家的 9 家電力機車製造商。

經過談判和評標後，中國機械進出口總公司與歐洲五十赫茲集團簽訂合同，購買 150 台「8K 型」電力機車，交易總額達 15 億元人民幣。這是當時中國最大的一筆機車交易。1985 年 3 月 27 日，貿易合同和技術轉讓合同在北京簽字。阿爾斯通公司董事長兼五十赫茲集團代表讓‧皮埃爾‧德喬治、時任國務院副總理李鵬、經貿部部長鄭柘彬、鐵道部部長陳璞如等出席了簽字儀式。根據合同規定，阿爾斯通公司於 1987 年初開始交付首台機車，至 1987 年 11 月交付完畢。其中兩台機車由五十赫茲集團與株洲電力機車廠合作完成。

1986 年 7 月 9 日，首台 8K 型電力機車在法國東部的貝爾福工廠下線，隨即在貝爾福至米盧斯的鐵路上進行試驗。1987 年 1 月至 9 月間，共有 63 台 8K 型電力機車從法國馬賽港裝船付運，運抵天津新港，配屬北京鐵路局豐台西電力機務段，投入豐沙大鐵路運用。由阿爾斯通公司售後服務組與豐台西機務段共同對機車進行試驗。

8K 型電力機車是五十赫茲集團專門為中國鐵路設計製造的，原型車為法國 BB15000 型電力機車，直流傳動方式，設計時速為 100 公里，牽引功率 6400 千瓦。8K 型電力機車大量繼承了法國電力機車的傳統設計和技術，如車體整體承載方式、高度集成化中央電器櫃、兩段相控整流橋電路等方面，都沿襲了與 BB15000 型電力機車相似的設計，並採用了與 6G 型、ND4 型機車類似的系列化司機室。此外，8K 型電力機車集結了五十赫茲集團所屬各家公司的新技術產品，包括瑞士勃朗 - 包維利公司的電子控制系統和 GTO 輔助逆變器、法國電氣牽引設備公司（MTE）的轉向架、AEG 的傳動齒輪箱、西門子的主變壓器、牽引電動機等。

8K 型電力機車服役於豐沙、京包鐵路，擔當晉煤外運煤炭專列的牽引任務，促進了運輸能力大幅提升。上行、下行牽引定數分別提高到 4000 噸和 3500 噸。1988 年，豐沙鐵路沙城至張家口段完成了

▲「法國橙」8K 型電力機車 （羅春曉攝）

上行重車方向 8124 萬噸的貨運密度，其中晉煤完成 6700 萬噸，創造了當時中國客貨混運鐵路線貨運量歷史最高紀錄。

1988 年 11 月，大秦鐵路一期工程大同至大石莊（大秦線西段）建成通車，湖東電力機務段隨之成立，並開始配屬 8K 型電力機車。1990 年，鐵道部在大秦鐵路進行了大規模的萬噸級重載列車綜合試驗。1995 年，由 8K 型電力機車單機牽引的 6000 噸級、雙機牽引的 10000 噸級列車，在大秦鐵路試驗性開行。

由此,「法國橙」開創了中國鐵路重載運輸的先河。

1989 年 9 月 26 日,最後兩台 8K 型電力機車在株洲電力機車廠下線。自此,五十赫茲集團開始向中方無償轉讓產品的全套圖紙資料、機車零部件、製造工藝和檢驗方法,並負責培訓機車試製驗證和派遣專家來華指導,由株洲廠承擔機車生產工作。株洲廠隨即派遣人員到歐洲多家工廠接受培訓。

在 8K 型電力機車的技術轉讓過程中,中國共引進了 30 個技術項目,包括機車車體、轉向架、牽引電動機、主變壓器、晶閘管、電子控制裝置、輔助變流器等機車零部件。這些先進技術的引進和國產化,對國產電力機車製造產生了深遠影響。促進了國產機車技術水平、質量穩定性的大提高,促進了國產電力機車設計理念、生產管理的大提升。特別是對韶山 4 型、5 型、6 型等國產電力機車的研製和改進,產生了重大影響。

從 2010 年起,8K 型電力機車開始老化,且零部件短缺,對機車維護造成困難。2014 年,隨着和諧 2 型大功率電力機車上線,8K 型電力機車開始有計劃地封存報廢。中國鐵道博物館收藏的 8K 型 008 號電力機車,2012 年退役。

「日本車」的精緻

日本電力機車以精緻、耐用、省電而聞名。

20 世紀 70 年代,隨着中日關係正常化,中日之間的經濟交流與合作不斷加強。1979 年 12 月,時任日本首相大平正芳訪華期間,正式提出對華提供日元貸款,支持中國現代化建設。由此,開啟了日本對華援助的大門。

從 1980 年開始,鐵道部開始利用日元貸款,大規模投資鐵路建設、設備改造,以擴大鐵路運輸能力。1984 年 10 月 26 日,中日兩國

政府在東京簽訂第二批日元貸款第一年度貸款協議，貸款金額為 1578 億日元，其中鐵路項目包括隴海鐵路鄭州至寶雞段的複線電氣化工程，是中國「七五」期間重點鐵路技術改造項目之一。根據貸款需要，中國政府聘請日本國際協力事業團（JICA）對隴海鐵路鄭寶段複線及電氣化項目進行調查，並由日方最終完成分析報告。其設備採購，根據日本海外經濟協力基金（OECF）貸款項下的採購指南及貸款協議有關規定進行，採用國際競爭性招標方式。

1986 年，鐵道部通過電力機車國際招標項目，引進了第二款電力機車。對於電力機車的選型，主要考慮是要滿足當時鐵路貨運的牽引要求，質量上可靠耐用，技術上對國產電力機車有借鑒作用。鐵道部通過中國機械進出口總公司向世界著名的機車製造商發出招標書，參加招標的包括瑞典、日本、瑞士等國家的機車製造商。

經過談判和評標後，中國正式向日本三菱電機和川崎重工訂購「6K 型」電力機車，共計 85 台，交易總額達 240 億日元。型號中的「6」代表 6 軸，「K」代表可控硅整流。同時，也意為川崎重工業公司第六款出口機車。

日方以本國的 EF64 型電力機車為模板，改進設計了 6K 型電力機車。由川崎重工、三菱電機聯合設計製造，三菱電機伊丹製作所提供電氣化部件，川崎重工兵庫工廠提供機械部分並進行總組裝，此外住友金屬工業也負責提供車軸。機車設計圖紙經中方審定後，由中方派出人員赴工廠執行監造工作，負責對機車部件的加工工藝、生產流程、整機組裝等進行質量管理。

6K 型電力機車繼承了日本電力機車的傳統設計和技術，其中電氣部分參考了日本國鐵的 ED75 型 500 番台、

ED77 型電力機車的多段橋相控整流電路；車體和轉向架等機械部分參考了 EF66 型、EF81 型電力機車的設計。機車為「交流—直流」電傳動方式，單軸功率 800 千瓦，最高時速 100 公里。

1987 年 7 月，首台 6K 型電力機車在川崎重工兵庫工廠順利下線。首批機車運抵中國後，於同年 11 月至 1988 年 3 月間，進行了整車性能的型式試驗。試驗中發現，6K 型電力機車有五項部件不符合合同規定的質量要求。其中最嚴重的問題是牽引電動機故障。首批 6K 型電力機車投入運行不久，就頻繁出現牽引電機環火、換向器異常等故障，嚴重影響了機車的正常運行。經交涉後，日方承認了電機結構存在缺陷，同意賠償並更換了所有機車的牽引電機，總賠償額超過 41 億日元。

隨後的兩年時間裏，6K 型電力機車陸續運至中國，全部配屬在鄭州鐵路局洛陽機務段，開始在隴海鐵路服役。由此，6K 型電力機車與花城洛陽結下了不解之緣。

6K 型 6 軸相控交流電力機車，適應於隴海鐵路鄭州寶雞區段小半徑、曲線多、坡度大的運行條件。6K 型電力機車功率大，輪子與眾不同，採用多軸式轉向架結構。轉向架的輪子兩個一組，一共三組，中間的那組可以橫向擺動。這種類似於「漂移」的絕活，使得它面對彎道時「毫不費力」，在減少摩擦損耗的同時，也增加了列車運行的安全保障。

日本車的「精緻」，在機車乘務員中傳為美談。機車馬力大、操縱方便、部件質量高。檢修車間的師傅反映，6K 型電力機車製作工藝細緻，連開口銷的角度都是有標準的。機車的雨刷、喇叭這些常用件從來沒有壞過。

新世紀之初，6K 型電力機車在擔當隴海鐵路鄭州北至新豐鎮段的貨運列車交路的同時，還擔負華山至洛陽段、洛陽至嘉峰段客運列車交路。2009 年 12 月，焦柳鐵路洛陽至張家界區段電氣化改造工程

全線完工。從 2010 年 3 月起，大部分 6K 型電力機車從隴海鐵路調至焦柳鐵路使用，擔當牽引洛陽北（關林）至襄樊北間的貨物列車。

2014 年 3 月 21 日，6K 型 065 號電力機車牽引嘉峰至洛陽的 6920 次旅客列車安全抵達洛陽站。自此，6K 型電力機車走完了它在中國鐵路服役 27 年的歷程。27 年間，6K 型電力機車平均每台走行 396 萬餘公里，相當於繞行地球 99 圈。

6K 型電力機車採用的 C 級絕緣複勵牽引電動機、多處理器微機控制系統等先進技術，具有恆速控制、恆壓控制、功率因數補償控制、高黏着控制、過無電區控制、故障顯示與記憶診斷等功能。對當時國產電力機車而言，均為國內首

▼　日本 6K 型電力機車　（羅春曉攝）

見。這些先進技術的引進和國產化，對國產電力機車發展產生了重要影響。

1992 年，通過消化吸收 6K 型、8K 型電力機車技術，大同機車廠與株洲電力機車研究所成功試製了韶山 7 型電力機車。韶山 7 型電力機車大量借鑒了 6K 型電力機車的先進技術。大同廠在韶山 7 型基礎上，先後研製了韶山 7B 型、韶山 7C 型、韶山 7D 型等系列電力機車，以及 ZD111 型、ZD120A 型等複勵牽引電動機。株洲廠通過學習 6K 型電力機車的主電路系統，將不等分三段橋晶閘管相控調壓技術廣泛應用於韶山 3 型 4000 系、韶山 4 改型、韶山 4B 型、韶山 6B 型、韶山 8 型等國產電力機車。此外，6K 型電力機車使用的法維萊 LV-2600 型受電弓，由於重量輕、特性穩定、故障率低，也成為國產化的對象，被廣泛用於國產「韶山型」系列電力機車。

眼下，已經有兩台 6K 型電力機車得到永久性收藏。其中 6K 型 001 號機車安放在它的老家——洛陽機務段。6K 型 002 號機車被中國鐵道博物館收藏。

「蘇聯車」的皮實

蘇聯機車皮實，是中國新老火車司機的共識。想當年，蘇聯曾援助中國一批「友好型」大功率蒸汽機車，中國大車就喜愛上了蘇聯車的皮實。

蘇聯「8G 型」電力機車是 20 世紀 80 年代繼 8K 型、6K 型進口電力機車之後，中國通過貿易互換形式從國外引進的第三款電力機車。

8G 型電力機車由蘇聯諾沃切爾卡斯克電力機車廠於 1987 年至 1990 年間生產，原型為蘇聯的 VL80S 型電力機車。雙機重聯 8 軸，每軸裝有一台 800 千瓦牽引電動機，屬於大功率貨運電力機車。

20 世紀 50 年代，中蘇關係處於友好合作時期，包括蒸汽機車、內燃機車和電力機車在內的鐵路裝備技術，蘇聯都曾經給予中國許多引導、支持和幫助。僅 VL60 型電力機車的設計資料和生產技術，就助力中國成功試製出了第一代國產幹線 6Y1 型電力機車。從 60 年代開始，中蘇關係逐步惡化，到 70 年代，兩國關係基本處於僵冷、對峙狀況。進入 80 年代，中蘇關係實現正常化，中蘇經貿關係得到恢復，並於 1982 年展開了貿易磋商。

　　1985 年 8 月，中國鐵路機車車輛工業總公司派出技術條件談判代表團赴蘇聯，與全蘇動力機械進出口公司、諾沃切爾卡斯克電力機車廠和全蘇電力機車研究與設計院，就電力機車的技術條件進行初步協商。1986 年 5 月，雙方確定了機車技術條件，並正式簽訂了 100 台 8G 型電力機車的生產合同。合同規定，蘇聯於 1987 年底開始交付第一台電力機車，至 1990 年底交付完畢。

　　由於 8G 型電力機車是根據中蘇貿易協定按照「易貨貿易」形式引進，在技術條件方面中方並沒有太多選擇。鑒於蘇聯當時的電力機車技術水平，8G 型機車並不包含技術引進內容，主要要求是耐用、可靠，以滿足當時中國鐵路貨運的實際需要。

　　與經過國際招標、按照「技貿結合」形式引進的 8K 型、6K 型電力機車相比，8G 型電力機車的技術水平相對落後。它是以蘇聯 1979 年開始批量生產、質量穩定的 VL80S 型電力機車為原型，根據中國的實際使用要求進行改進，很大程度上仍保留了蘇聯電力機車的傳統技術。如調壓電路仍然採用低壓側調壓開關等，與中國早期的韶山 1 型電力機車類似，技術水平仍然停留在 70 年代。但 8G 型機車的牽引

性能好，機、電部件可靠程度較高。

8G 型電力機車的總體結構，與蘇聯 VL80 型電力機車基本相同，但採用了較後期 VL85 型電力機車的車體外觀。由兩節完全一樣、通過自動車鉤聯掛、電路和氣路相連接的機車組成。每節機車的一端設有司機室，可以採用任何一端司機室操作，也可以採用任何一節機車單獨工作，還可以採用多節重聯和單節操作。每組機車均使用了兩台雙臂式受電弓。車體內各門在升弓時均被聯鎖裝置鎖閉。車內採用單側走廊，相鄰車節有過渡通道，司機室中間開有走廊門。

運行時，8G 型電力機車同一轉向架的兩台電動機並聯，分別由各自的硅整流裝置單獨供電，組成部分集中供電方式。機車繼承了 VL80 型機車的制動系統，每節機車裝有空氣壓縮機一台，風缸設置於車頂，採用蘇聯傳統的卡贊切夫自動空氣制動機。當電阻制動處於低速狀態時，機車具有恆速功能，即自動減小勵磁由流，保持恆定速度運行。可以同時進行空氣制動和電阻制動，當電阻制動失效時，能夠自動轉為空氣制動。

1988 年至 1991 年間，8G 型電力機車分批運抵中國，全部配屬給太原北電力機務段，分別投入石太、北同蒲鐵路運用，擔當「晉煤外運」重載煤炭列車的牽引任務。從此，石太線運量逐年翻番，電氣化初期年運載量為 2100 萬噸，到 1992 年提高到 6200 萬噸，成為晉煤外運主要通道之一。

2011 年初，太中銀鐵路開通運營，太原機務段投入 35 台 8G 型電力機車擔當直通貨物列車的牽引任務。由於太中銀鐵路採用 GSM-R 網絡終端通信系統，運用於該線的 8G 型電力機車均加裝了列車綜合無線調度通信設備（CIR）。同時，南同蒲鐵路榆次至侯馬北間完成了電氣化改造，35 台 8G 型電力機車轉配侯馬北機務段，擔當侯馬北至太原北間貨運列車交路。8G 型電力機車主要運用於同蒲鐵路、石太鐵路、太中銀鐵路，以及太嵐鐵路、西山鐵路等煤運支線。

◀ 蘇聯 8G 型電力機車　（羅春曉攝）

經過長期運用之後，自 2000 年之後，8G 型電力機車自然磨耗隨着運用公里數增加而日益加劇，原製造廠已不再提供技術支持和生產所需配件。機車在進行大修時，不得不對車上設備進行大量技術檢修和更換。如用韶山 4 型電力機車使用的國產 DK-1 型電空制動機替換原裝蘇製空氣制動機，並改裝與國產「韶山」系列電力機車通用的電空制動控制器。真空斷路器、空氣壓縮機、控制電源櫃、受電弓、速度錶等設備也分別改裝仿製產品或性能更好的國產型號。

2012 年 12 月，8G 型 002 號電力機車被中國鐵道博物館收藏。

「奧星」的印跡

值得肯定的是，在引進國外大功率電力機車的同時，中國鐵路部門一刻也沒有放棄國產高速電力機車的研製和試用。在這個時期，先後推出「九方」「奧星」「天梭型」等國產自主研發的 200 公里級交流電力機車。當時有媒體報道說，中國電力機車研製一步跨越 20 年，躋身於國際先進水平。

奧星電力機車由株洲電力機車廠聯合株洲電力機車研究所等單位於 2001 年研製成功。機車出廠時適逢中國成功申辦 2008 年夏季奧運，因此被命名為「奧星」。

1999 年初，鐵道部根據國際電力機車發展潮流，提出 2000 年為中國鐵路「高速、交傳、發展」年，下力氣突破交流傳動技術。要求在引進、消化、吸收國外先進技術的基礎上，自行開發交流傳動高速客運電力機車和高速電力動車組。中國鐵路相關企業積極行動，紛紛加快了交流傳動電力

▲ 奧星電力機車

機車的研製步伐。

　　2000 年，株洲廠聯合株洲所、鐵道科學研究院、西南交通大學
等院校，採取關鍵部件國外採購、機車整機國內生產的方式，引進美
國 Adtranz 公司的交流傳動系統，成功研製了「九方」DJ 型交流傳
動高速客運電力機車，其流線型外殼造型是中國第一次在電力機車上
使用。在牽引 18 節編組的客運列車時，能夠把時速保持在 160 公里
以上。

　　然而，由於交流傳動系統採用進口產品，導致生產成本較高，九
方 DJ 型電力機車每台造價高達 1500 萬元人民幣，其中交流傳動系統
進口價格就佔了三分之二。重要的是核心技術沒有取得突破，成為中
國交流傳動技術產業化發展的最大障礙。九方 DJ 型電力機車只製造
了兩台。

此後，根據鐵道部的要求，株洲廠、株洲所制定了一系列國產化目標，對主變流器、牽引電機、微機控制網絡等關鍵技術進行攻關。在九方 DJ 型電力機車基礎上，研製國產交流傳動系統 DJ2 型電力機車，並列入「九五計劃」國家重點科技攻關項目。

2001 年 9 月 21 日，首台 DJ2 型電力機車在株洲廠下線，定型「奧星」。奧星電力機車為交流傳動，牽引功率為 4800 千瓦，單軸功率達到 1200 千瓦，最高運用時速為 200 公里，最高試驗時速達到 240 公里。重要的是，國產 GTO 水冷牽引變流器取代了進口 IPM 牽引變流器，牽引電動機、網絡控制系統等均改用國產產品，標誌着中國交傳電力機車完全實現國產化。奧星電力機車被稱為中國第一台擁有自主知識產權的交傳電力機車。

奧星電力機車主要用於既有幹線客運牽引和高速專線牽引，牽引能力比 DJ 型電力機車有所提高。單台機車牽引 18 節編組旅客列車，在平直道上的運行時速可達 160 公里，在 12‰ 上坡道仍可按時速 100 公里運行。具有黏着好、恆功範圍寬、軸功率大、功率因素及效率高、諧波干擾小、維修率低、節省電能和運營費用等優點，能覆蓋普速、快速、高速等多種複雜環境區段，乃通用型客運高速電力機車。

2001 年 12 月至 2002 年 4 月間，奧星電力機車先後赴北京環形鐵道試驗線、廣深鐵路進行安全評估試驗和高速動力學性能試驗，最高試驗時速達到 240 公里。

2002 年 6 月，奧星電力機車配屬給鄭州機務段京武快車隊投入運用考核，擔當京廣鐵路北京西 — 鄭州 — 武昌（漢口）間的客運交路。

奧星電力機車在試驗和運用過程中，相繼發現了各種問

題和故障，其中主變流器、輔助變流系統、微機控制系統故障較多。由於主變流器中間直流電壓振蕩超過安全保護值，導致機車電力中斷。國產 GTO 牽引變流器與 DJ 型電力機車所使用的進口 IPM-IGBT 主變流機組相比，除了故障率相對較高外，總體性能也存在着相當大的差距。奧星電力機車只生產了 3 台。

2002 年 12 月 26 日，「天梭型」電力機車在大同機車廠完成組裝，並開始進行廠內調試和試運行。機車總體結構基本繼承了奧星電力機車，牽引功率為 4800 千瓦，最高運用時速為 200 公里。天梭型電力機車配屬鄭州機務段京廣車隊投入運用考核。主要擔當鄭州至漯河、平頂山東、安陽、新鄉區段的旅客列車牽引任務。

2006 年，天梭型電力機車完成了 10 萬公里運行考核後，與奧星電力機車一道，封存於鄭州機務北段儲備場。

可以自豪地說，進入 21 世紀，中國電力機車工業通過引進消化吸收再創新，成功掌握了世界最先進的交流傳動電力機車總成、轉向架、牽引變壓器、牽引電機等九大關鍵技術，以及受電弓、真空斷路器、高壓互感器等十項主要配套技術，一舉站在了世界鐵路電力機車技術的制高點。

「和諧型」系列重載電力機車，享有「大力神」美譽，是由中車集團公司與國外企業合作，通過引進先進技術，並國產化的新一代交流傳動貨、客運機車。品種有和諧 1 型、2 型、3 型 8 軸 9600 千瓦電力機車；和諧 1B 型、2B 型、3B 型 6 軸 9600 千瓦電力機車，設計最高時速均為 120 公里；和諧電 1D 型、3D 型、3G 型 6 軸準高速客運電力機車，總功率 7200 千瓦，最大運營時速 160 公里；和諧 1G 型、3G 型 8 軸快速客運電力機車，總功率 11200 千瓦，最高構造時速達到 210 公里。

與國產三代電力機車相比，「和諧型」系列電力機車採用了最先進的「交流—直流—交流」電傳動方式。即通過交流電網供電，由整流器整流為直流，再逆變為交流，驅動交流電動機，帶動機車動輪運行。其優勢表現在，電機體積小、功率大、維修少，對電網污染少，是當代最環保、最經濟的電力機車新技術。

與日本東芝聯手

「神龍 1 型」電力機車是曾用名，現名叫「和諧 3 型」電力機車。早期還有 SSJ3 型、SL1 型、DJ3 型多個名字，由大連機車車輛公司和日本東芝公司聯合開發研製。這是進入新世紀後，中國企業首次與外國企業合作，為滿足中國鐵路

▲ 和諧 3 型電力機車 （羅春曉攝）

重載貨運需要而研發的大功率交流傳動幹線貨運用 6 軸電力機車。機車採用「交流─直流─交流」電傳動方式，持續功率為 7200 千瓦，最高運行時速為 120 公里。

1997 年至 2001 年，中國鐵路成功地實施了四次大面積提速，主要幹線仍然存在「客貨混跑」的局面。由此，旅客列車要提速，必須要兼顧貨物列車的速度、密度和重量等因素，而貨物列車的運行速度已經成為客運提速的制約因素之一。因此，在客運專線網絡成型、客貨分線之前，必須提高貨物列車的速度，以緩解貨運列車和客運列車爭奪線路運輸能力的矛盾。

貨運列車要提速，必須要有大功率機車。當時，中國鐵路只有韶山4型電力機車達到總功率6400千瓦、韶山3B型電力機車達到總功率9600千瓦，而這兩款車型生產數量有限。主要幹線迫切需要單機牽引5000噸以上的大功率機車，以滿足牽引貨運列車的需求。

　　鐵道部提出，「十五」期間，中國要研製最高時速120公里的貨運電力機車，並採用國外流行的交流傳動技術，提升國產機車的設計製造水平。為此，大連機車車輛公司就機車採用直流或交流傳動、6軸或8軸，以及功率和軸重等級等技術議題進行了論證和分析，最終決定以發展大功率交流傳動貨運電力機車的方向，開發目標為單軸功率1200千瓦、最高時速120公里的6軸電力機車，設計牽引定數5000噸。

　　早在1999年，大連公司已經開始與日本東芝公司進行技術合作，首先在大連快軌車輛項目上進行了有效合作，引進了東芝的交流傳動牽引系統。兩家企業商定，將幹線電力機車的交流傳動技術作為快軌車輛合作項目的統一體。這樣，就為引進交流傳動技術和機車生產工藝方面的先進技術奠定了基礎。

　　2001年開始，大連公司在大量前期研究和論證的基礎上，確定了同東芝公司合作的發展戰略。2001年12月，經過多次的雙方技術會談後，大連公司與東芝公司正式簽訂了關於共同開發6軸交流傳動貨運電力機車的合作協議書。

　　根據協議，新型大功率電力機車由大連公司擔當總體設計，生產車體、轉向架、制動系統，並負責機車的組裝和調試。東芝公司負責設計和提供主變流器、輔助變流器和微機控制系統。2002年9月，大連公司與東芝公司聯合成立合

資公司，東芝提供機車的牽引逆變器及控制系統，計劃在中國電氣化鐵路使用這種新款機車。

　　新款機車每軸裝有一台 1200 千瓦交流牽引電動機，整車輸出功率為 7200 千瓦。採用框架式整體承載結構，對車頭線形進行了部分調整，使之更加美觀大方。2003 年底，首台新款機車在大連下線。經鐵道部批准，該機車被定型為韶山 J3 型，編號 SSJ3-0001。其中「SS」代表「韶山」系列電力機車，「J」代表交流傳動。2004 年 4 月 26 日，韶山 J3 型 0001 號電力機車從大連駛出，前往北京環形鐵道試驗線進行試驗。一個月後，機車完成了 23、25 噸軸重狀態下動力學性能試驗，最高試驗速度達到每小時 139 公里。

　　2004 年 7 月 30 日，韶山 J3 型 0001 號電力機車在瀋陽鐵路局金州機務段投入運用考核，在瀋大鐵路蘇家屯至金州區間擔當 5000 噸重載貨物列車的牽引任務。在此期間，為配合中國鐵路第六次大提速，韶山 J3 型 0001 號電力機車還前往遂渝鐵路，參與鐵道部組織的「遂渝線 200 公里 / 小時提速綜合試驗」。試驗項目包括：驗證 120 公里 / 小時貨物列車、120 公里 / 小時雙層集裝箱列車對地面線路和橋樑設備的影響、單線隧道的空氣動力學性能、弓網受流性能、制動性能等。試驗過程中，韶山 J3 型 0001 號電力機車牽引 3100 噸空重混編貨物列車時，最高時速達到了 136 公里，創造了中國鐵路貨運列車的最高速度。

　　至 2007 年 10 月，韶山 J3 型 0001 號電力機車完成了全部試驗。機車共計走行 18 萬公里，每天運行 154 圈共計 1309 公里。2009 年初，在大連機車車輛公司完成整修後，正式配屬瀋陽鐵路局蘇家屯機務段。

　　由此，大連公司與日本東芝開始聯合批量生產新型電力機車。新車以試驗車韶山 J3 型 0001 號及日本貨物鐵道使用的 EH500 型作為技術平台，其中首 4 台整車進口，12 台散件進口組裝。東芝提供牽引

▲ 和諧 3A 型電力機車 （羅春曉攝）

電機等原裝部件，由大連公司組裝。其後 44 台通過日本技術轉讓，由大連公司製造達至國產化。

2006 年 12 月 8 日，首台國產 DJ3 型 0017 號 6 軸 7200 千瓦大功率電力機車，在大連成功下線。該車以使用永濟 YJ85A 型牽引電機為標誌，DJ3 型電力機車實現國產化。機車出廠時稱之為「神龍 1 型」，不久又定型為「和諧 3 型」。而後，在大秦、京廣、京滬鐵路牽引貨運列車，顯示出其良好的動力性能和性價比。

鑒於和諧 3 型電力機車優良表現，鐵道部又加訂了 180 台和諧 3 型電力機車，使其數量增至 240 台。截至 2008 年

1 月，大連公司、二七廠合計生產和諧 3 型電力機車 200 多台。2007
年，永濟廠共生產 YJ85A 型牽引電機 1158 台，保證了和諧 3 型電力
機車的生產需要。

目前，中國鐵路線運行的 7200 千瓦單機型電力機車系列中，還
有和諧 1C 型、2C 型和 3C 型電力機車。和諧 1C 型電力機車由株洲
電力機車公司生產，可在線路坡度 12‰ 以下的路段，牽引 5000 噸
至 5500 噸貨物列車。2C 型電力機車由大同電力機車公司生產，可實
現單機牽引 5000~6000 噸重載貨物列車，機車技術指標達到了世界一
流。和諧 3C 型電力機車，由大連公司生產，是中國目前保有量最大
的客運型機車。這是中國內首次採用客、貨通用技術平台，具有完全
自主知識產權的第一個帶列車供電的新型機車。

和諧 3A 型電力機車是大連公司在和諧 3 型電力機車技術平台基
礎上，借鑒龐巴迪公司的技術，為滿足中國鐵路重載貨運需要而研發
的大功率交流傳動幹線貨運用電力機車。「交流—直流—交流」電傳
動方式，採用變頻異步牽引電動機、分佈式網絡控制系統等新技術，
總功率 9600 千瓦，最高運行時速 120 公里。和諧 3A 型電力機車是
中國鐵路貨運的又一主型機車，馬力大、品質好，具有巨大的市場
空間。

一對「雙胞胎」

和諧 1 型電力機車，由兩節完全相同的 4 軸機車重聯而成，為 8
軸大功率幹線貨運機車。這是通過引進消化國際先進技術，與外國企
業合作生產的一對「雙胞胎」。機車採用「交流—直流—交流」電傳
動方式、水冷 IGBT 牽引逆變器和變頻異步牽引電動機等先進技術，
額定功率為 9600 千瓦，最高運行時速 120 公里。裝有「Locotrol」遠
程重聯控制系統，適合於多機分佈式重載牽引，是中國鐵路機車技術

▲ 和諧 1 型電力機車 （羅春曉攝）

現代化的重要產品之一。

2003 年 11 月，鐵道部與中國南車、北車集團及其重點企業共同制定了《加快鐵路機車車輛裝備現代化實施綱要》，選擇了 6 家機車製造企業作為引進先進技術和自主創新的主體。

2004 年 4 月，國務院常務會議研究通過的鐵路機車車輛裝備現代化實施方案，明確提出，力爭在較短時間內，使中國機車車輛生產能力達到世界先進水平。這年 7 月，國家發改委與鐵道部聯合下達了《大功率交流傳動電力機車技術引進與國產化實施方案》，正式啟動了新型交流傳動電力機車的採購程序。

這一年 12 月初，時任德國總理施羅德開始他就任總理以來的第六次中國之行，隨行的有一個陣容龐大的商業代表團，包括西門子、大眾汽車、德意志銀行、戴姆勒 - 克萊斯勒等著名企業在內的近 50 名德國商界代表。12 月 6 日，國務院總理溫家寶在北京人民大會堂與施羅德舉行會談，會談結束後雙方代表簽訂了《關於加強兩國中小企業合作的諒解備忘錄》，以及在鐵路、航空、財政、金融和化工等領域開展合作的協議文件。

在眾多簽約項目中，西門子公司與株洲電力機車廠獲得了一項提供 180 台雙節 8 軸重載貨運交流傳動電力機車的訂單，總價值約為 73.4 億元人民幣，其中西門子公司的份額為 47.4%，約 3.5 億歐元，株洲電力機車廠的份額為 52.6%，約 38.6 億元人民幣。

緊接着，大同電力機車廠和阿爾斯通公司聯合獲得了鐵道部的採購合同，訂單數為 180 輛，合同總值 3.745 億歐元。其中，首 12 台在法國貝爾福的工廠製造；36 台以散件形式付運，由大同電力機車廠組裝；其餘 132 輛均為「國產化」版本。

根據合同規定，這批機車的研發和設計由位於德國愛爾蘭根和慕尼黑的西門子交通集團總部完成，由株洲廠在株洲進行生產。新機車是在西門子「歐洲短跑手」機車平台上，以 ES64F4 型電力機車為原

型車，結合 DJ1 型電力機車在大秦鐵路的運用經驗而開發研製，力求盡快站在世界鐵路機車技術的制高點。

2006 年 11 月 8 日，由進口散件組裝的首台新型機車在株洲廠下線。鐵道部將 DJ4 型系列大功率交流傳動電力機車命名為「和諧型」。鑒於 DJ4 共有兩個型號，第一款是由株洲電力機車廠及西門子公司研發，改為「和諧 1 型」，代號 HXD1；另外一款則由大同機車廠及法國阿爾斯通研發，改為「和諧 2 型」，代號 HXD2。兩種型號機車均採用交流電牽引電動機，雙節固定重聯，即兩個兩軸轉向架。2007年 5 月 18 日，首台國內組裝和諧 2 型電力機車在大同廠下線。

這是當時中國鐵路功率最大的交流電傳動電力機車。其命名的方式為：「HX」是「和諧」的漢語拼音首字母縮寫，「D」代表電力機車，「1」代表株洲廠的生產廠商代號，「2」代表大同廠的生產廠商代號。

2007 年 8 月，首台裝用國產化傳動裝置的和諧 1 型0071 號電力機車下線。一年後，通過鐵道部專家組的評審並驗收。到 2009 年，和諧 1 型電力機車累計生產了 220台。180 台和諧 2 型機車至 2008 年 12 月全部交付完畢。

同年 5 月，首批 4 台和諧 1 型電力機車交付太原鐵路局湖東機務段，投入大秦鐵路重載試驗，牽引萬噸煤運組合列車。以此逐步替代了原來的韶山 4 型電力機車。在此之前，大秦線 2 萬噸煤運組合列車要使用 4 台韶山 4 型電力機車牽引。和諧 1 型、和諧 2 型大功率電力機車投入使用後，只需兩台就可以滿足一列 2 萬噸組合列車的牽引要求。

2012 年，株洲電力機車公司在首批 HXD1 型電力機車基礎上，研製了「深度國產化」的 HXD1 型電力機車。機

車採用自主開發的牽引逆變器和微機控制系統，替代了原來使用的西門子公司產品，有效降低了機車生產成本。2012 年 3 月，首台國產化 HXD1 型電力機車下線。同年 6 月，在北京環形鐵道試驗線順利通過各項試驗，並投入幹線運行試驗。

2011 年 9 月，株洲公司與神華集團合作，在 HXD1 型電力機車基礎上研製兩種大功率交流傳動電力機車，分別為「神華號」9600 千瓦 8 軸電力機車和 14400 千瓦 12 軸電力機車。機車採用國產牽引逆變器、微機控制系統和 DK-2 型制動系統。2013 年 1 月 15 日，「神華號」8 軸大功率交流電力機車在朔黃鐵路上線投入試運行。緊接着，神華集團訂購的 8 台「神華號」8 軸交流電力機車全部投入使用，成為中國煤炭運輸的主型機車。

▼「神華號」機車 （羅春曉攝）

「神華號」電力機車採用了整體式承載結構形式，以滿足神朔線萬噸重載列車牽引的要求，與現有韶山 4 型機車相比具有明顯的優勢。其中，司機操縱智能化適用於單司機值乘，運行中出現故障，電腦顯示屏直接以漢字形式提醒故障部件及處理辦法，同時可直接在顯示屏上切除故障。機車還增加了定速設置功能，更適合於神朔線點多、線長、複雜的線路特徵，能夠有效滿足神朔線萬噸重載列車牽引的需求。司機可根據區段實際運行情況進行智能牽引，提升了機車品質和運行效率。新型機車服役神朔鐵路後，開創了神華鐵路系統重載列車牽引的先河。

2014 年 8 月 27 日，「神華號」12 軸電力機車正式上線運行。機車牽引 110 輛 KM98 型車輛，列車總長 1573 米，載重 11000 噸。與 C80 型車輛編組的萬噸列車相比，列車單列增加運量 1720 噸。由朔黃鐵路神池南站發車，歷經 11 小時 21 分鐘的運行，順利到達黃驊港站，標誌着中國首列 30 噸軸重萬噸重載列車成功開行。

「神華號」12 軸電力機車是當今世界最大功率的電力機車。由於機車由三節組成，火車迷們親切地稱之為「三節棍」。

重載「三套車」

和諧 1B 型、2B 型、3B 型電力機車，是中國電氣化幹線貨運、重載鐵路大功率交流傳動主型機車。6 軸共計 9600 千瓦，最大運行時速 120 公里。可單機牽引 5000 噸至 6000 噸貨物列車。名曰「首三款」，也有重載列車「三套車」之說。

▲ 和諧 1B 型電力機車 （羅春曉攝）

▲ 和諧 2B 型電力機車 （羅春曉攝）

▲ 和諧 3B 型電力機車牽引行包列車

所謂重載列車，是在貨運量到發集中的運輸線路上採用大型專用貨車編組，雙機或多機牽引開行的一種超長、超重的貨物列車。其特點是：車輛載重力大，列車編掛輛數多。中國開行的重載組合列車單列分別為 5000 噸、1 萬噸、2 萬噸，甚至達到 3 萬噸，達到國際重載列車先進水平。

大秦鐵路是中國年運量最大的重載鐵路。自山西省大同市至河北省秦皇島市，縱貫山西、河北、北京、天津，全長 653 公里，是西煤東運的主要通道之一。大秦鐵路上游的山西、陝西、內蒙古西部，煤炭儲量達 7000 多億噸，佔全國煤炭儲量的 60%，生產量佔全國 1/3，外運量佔全國 2/3。下游則是以秦皇島為主要節點，一部分連通全國路網，另一部分則下水到達中國東部、南部沿海經濟最活躍的地區。

1992 年底，大秦鐵路全線通車。2002 年，運量達到一億噸設計能力。自 2004 年起，鐵道部對大秦鐵路實施持續擴能技術改造，大量開行一萬噸和兩萬噸重載組合列車。2008 年，運量突破 3.4 億噸，成為世界上年運量最大的鐵路線。2010 年 12 月 26 日，大秦鐵路提前完成年運量 4 億噸的目標，為原設計能力的 4 倍。2014 年 4 月，中國鐵路總公司在大秦鐵路組織開行 3 萬噸重載列車，試驗取得成功。談及大秦鐵路的貢獻，北京市供電局負責人形象地表述道：首都城鎮居民家庭每三盞電燈中，至少有一盞是靠大秦鐵路輸送的電煤點亮的。

當時，佔全國鐵路 18.8% 的重載列車里程，幾乎承擔了 90% 以上的重點物資的發送量。全社會 85% 的木材、85% 的原油、80% 的鋼鐵及冶煉物資、大量的三農物資運輸也主要是重載鐵路完成的。

採訪得知，單軸功率 1600 千瓦、單機牽引 1 萬噸的重載電力機車成套技術裝備，被譽為「世界機車金字塔尖」。多年來，位於塔尖的佼佼者只有屈指可數的幾家跨國大企業。2004 年，中國鐵路打開大功率電力機車技術引進的大門後，經過長時間的艱難談判，終於與德國西門子、法國阿爾斯通、日本東芝等跨國企業，達成了引進大功

率重載機車技術的合作協議。

中國鐵路原計劃引進 6 軸 9600 千瓦大功率電力機車。但是，這款產品國外並沒有下線。鐵道部決定實施「兩步走」的引進戰略，即在引進消化吸收 8 軸大功率電力機車、掌握交流傳動技術的基礎上，自己研發更先進的 6 軸大功率電力機車。

2007 年，大連機車車輛公司與加拿大龐巴迪公司合作。以龐巴迪的 IORE Kiruna 機車為基礎，由龐巴迪公司提供技術支持和設備供應，以大連公司為主進行設計、生產，成功研製出 HXD3B 型 9600 千瓦交流傳動電力機車。通過技術引進，大連公司掌握了機車總成、轉向架、主變壓器、牽引變流器、網絡控制系統、牽引電動機、制動系統等核心技術。2008 年 12 月 29 日，世界上第一台 6 軸 9600 千瓦大功率電力機車在大連下線。

這就是後來定型的「和諧 3B 型」大功率電力機車。該機車採用了單軸控制技術、輪盤制動技術、微機網絡控制系統等一系列國際最新技術。與和諧 1B 型、和諧 2B 型電力機車合稱為中國大功率 6 軸電力機車「首三款」。

2009 年 2 月，和諧 3B 型電力機車在哈大鐵路進行了重載牽引試驗，隨後在北京環形鐵道試驗線完成正式上線運行前的各類試驗，同年 4 月開始線路運用考核，9 月投入批量生產。

與過去的內燃機車牽引相比，和諧 3B 型電力機車每列要多拉 1000 噸到 2000 噸，每年可以節省運營成本 50 萬元。而且比內燃機車減少相當於 4000 輛轎車的尾氣排放量，有利於鐵路沿線的環境保護。

和諧 1B 型電力機車由株洲電力機車公司與德國西門子

公司聯合研製。建立在和諧 1 型 8 軸電力機車設計製造技術平台的基礎上，參考了 EG3100 型電力機車。2007 年 8 月，鐵道部與株洲公司及西門子簽約，採購 500 輛和諧 1B 型電力機車，合同總值超過 3.34 億歐元。2009 年 1 月 16 日，首台和諧 1B 型電力機車在株洲下線。2012 年開始，擔當武漢北至鄭州北區間 6000 噸重載貨物列車牽引任務。

和諧 2B 型電力機車，由大同電力機車公司與法國阿爾斯通公司聯合研發，其設計以阿爾斯通 PRIMA6000 機車為原型車。2007 年 3 月，鐵道部與大同公司、阿爾斯通公司簽訂採購協議，訂購 500 輛電力機車，合同總值 113 億元人民幣，包括機車採購、技術轉讓、進口零部件採購和技術服務等四個相互關聯合同，其中阿爾斯通在此協議中所佔份額約為 3.1 億歐元。

這是大同公司與阿爾斯通公司的第二次合作。首台新型機車於 2009 年在法國貝爾福工廠完成製造。2005 年，兩家公司曾聯合設計製造了 180 台大功率交流電傳動 8 軸和諧 2 型電力機車。

鐵路重載促進了節能減排和環境保護，展示出鐵路綠色發展的無限風光。「十一五」期間，中國鐵路單位能耗及污染物排放量提前兩年完成運輸收入單耗下降 20%、化學需氧量總量控制 10% 的目標，提前一年完成二氧化硫總量下降 10% 的目標。當「碳排放」憂慮在全世界瀰漫時，中國重載鐵路彰顯綠色交通方式的本色，演繹了極具時代特色的「低碳脈動」。

耀眼的「中國紅」

「和諧 1D 型」電力機車車身塗有「中國紅」色彩。流線型的車頭設計，不僅美觀流暢，而且減少了列車運行時的空氣阻力。從 0 公里到時速 160 公里，加速只需 5 分鐘。

所謂準高速電力機車，是指設計時速在 160 公里至 200 公里之間的電力機車。它是普速電力機車向高速電力機車發展過程的中間產物，亦是高速動車組的前身。準高速電力機車分兩大類，即單機車和動車組，前者採用傳統的火車頭拉車廂模式，後者採用新興的多節動力車廂共同運作模式。準高速電力機車和動車組都能在普速鐵路、快速鐵路和高速鐵路上運行。

　　準高速電力機車多半是在普速電力機車基礎上改造而來，以增加功率和穩定相關部件為主要方式。準高速動車組通常不用「準高速」形容，而是以「中速」「快速」或「普通」等前綴稱呼。單從外觀來說，準高速電力機車和普速電力機車沒什麼明顯區別，兩者顯著的對外特徵就是車身上標注的構造速度值不同。

　　由於動車組列車沒有獨立的機車，機車和車廂融為一體，所以準高速客運機車很少用於稱呼動車組。城軌線上營運的城際快速列車、磁懸浮列車等，則屬於另一個範疇。誠然，準高速動車組是存在的，它擁有基本機車構造，設計時速達到 160 公里以上。應該說，時速不足 200 公里的動車組，特別是動力集中型動車組，事實上都屬於準高速客運電力機車的範疇。

　　準高速機車在國外發展比較早，最早出現於蒸汽機車。百年前的準高速機車，是蒸汽機車的天下。歐美等鐵路強國在 19 世紀末就相繼研製出了大功率高速蒸汽機車，最高時速突破了 200 公里。這些高速蒸汽機車主要負責牽引時速達 160 公里以上的特快客運列車。

　　50 年前的準高速機車，以內燃機車為主，而當代的準高速機車則由電力機車充當主角。一方面，電氣化鐵路的比

例增加，降低了內燃機車的需求；另一方面，內燃機車因攜帶燃料導致車身自重較大，限制了機車功率，影響了提速空間，故被車重更輕的電力機車所取代。

1964年，日本新幹線高速鐵路正式開通後，高速電力動車組後來者居上，成為鐵路運輸的急先鋒，引領火車提速。不過，這時的準高速機車仍然在純運量上作為現代鐵路運輸的主體，只不過改為技術先進的內燃機車和電力機車。

時至今日，在高速鐵路技術得到廣泛運用的情況下，準高速機車的應用領域也遍佈在不同需求的鐵路中，作為東亞或歐盟主要國家鐵路的重要動力。美國、加拿大、澳大利亞，以及一些發展中國家，準高速機車是鐵路牽引動力的主角，承擔着主要鐵路幹線的運輸職能。

▼ 和諧 1D 型電力機車 （羅春曉攝）

新世紀初的中國鐵路，隨着鐵路幹線大提速步伐的加快，山區鐵路牽引動力的大功率需求也快速增長。山區隧道多，不適合用內燃機車，而時速 170 公里的「韶山 7E 型」和「韶山 9 型」電力機車，最大功率只有 4800 千瓦，爬大坡往往「力不從心」。而大功率「和諧型」系列電力機車又速度受限。在這種狀況下，研製大功率交流傳動快速客運電力機車成為了當務之急。

　　鐵道部認真總結和諧型大功率貨運電力機車的發展經驗，充分考慮國內外機車車輛技術情況和客運專線的要求，決定在既有和諧系列電力機車技術基礎上，通過輕量化設計和技術創新，研製 6 軸交流傳動快速客運電力機車。這是一種經濟實用的牽引模式，也是一種新型的鐵路動力。

　　2011 年，株洲電力機車公司完成了全部施工圖設計。次年，首台專用於準高速客運的兩款 6 軸電力機車成功下線。機車採用了大功率 IGBT（3300V/1200A）水冷變流器、大功率異步牽引電機、臥式主變壓器、微機網絡控制系統、DK-2 制動機等先進技術，分別定型為「和諧 1D 型」和「和諧 3D 型」準高速電力機車。機車總功率 7200 千瓦，最大運營時速 160 公里。

　　2012 年 9 月，和諧 1D 型 0001 電力機車開始在武漢鐵路局進行試驗，最先用於京廣線牽引 X103/4 次快速旅客列車，後改為擔當武昌到深圳 T95/6 次特快旅客列車，而後又擔當武昌—上海南 Z25 次直達特快列車，順利完成了 30 萬公里運營考核。

　　2011 年 3 月 21 日，時任中共中央政治局常委、中央書記處書記、國家副主席習近平在湖南考察工作時，來到株洲電力機車公司考察。他聽取公司負責人關於時速 200 公里準

高速電力機車等技術創新成果的彙報，予以了高度評價。

不久，大連機車車輛公司研發生產的「和諧 3D 型」電力機車下線。機車功率達到 7200 千瓦，時速 200 公里，最大持續運營時速 160 公里，是國內當時最大功率的客運機車之一。和諧 3D 型電力機車投入運用，極大地緩解了準高速機車運用緊張的狀況，填補了中國交流傳動大功率機車在準高速範圍內實際運用的空白。機車完成試驗考核後，於 2013 年開始批量生產。截至 2017 年 5 月，和諧 3D 型電力機車已生產 600 台。

和諧 3D 型與和諧 1D 型同屬一個系列，參數也基本相同。隨着東風 11G 型、韶山 8 型、韶山 7E 型、韶山 9/9 改進型準高速客運機車的逐步退役，和諧 1D 型與和諧 3D 型電力機車成為中國鐵路幹線準高速客運的主力軍。

2017 年 1 日，伴隨着嘹亮的汽笛聲，和諧 3D 型 1886 號「朱德號」電力機車牽引着 Z158 次旅客列車，從哈爾濱西站發車，向着北京飛駛而去。自此，「毛澤東號」「朱德號」機車號全部改由和諧 3D 型電力機車擔當。

▼ 和諧 3D 型電力機車
　（羅春曉攝）

株洲電力機車公司、大連機車車輛公司和大同電力機車公司大力實施「走出去」戰略，發揮自身技術創新和製造優勢，加大海外市場供應鏈的開發。通過打造品牌、投資建廠、機車維護服務等途徑，用高端系統集成能力整合最優資源，推動中國電力機車裝備、技術、標準和服務「走出去」，在國際市場亮起了中國機車的「黃金名片」。

「一帶一路」倡議，開啟了全球互聯互通的新篇章，也暢通了中國機車走向全球的快車道。中國電力機車企業搶抓歷史機遇，大打「創新牌」「技術牌」和「環保牌」，在產品研發和生產中融入低碳、環保的理念，佔據了市場競爭的主動權。一大批具有自主知識產權的「中國引領」的先進軌道交通裝備，贏得了世界關注的目光。中國電力機車成功邁入全球軌道交通市場第一方陣，書寫「中國製造」的新輝煌。

高寒火車頭

2013 年 8 月 23 日，大連機車車輛公司出口烏茲別克斯坦的首批電力機車交車儀式，在烏首都塔什干火車站舉行。這標誌着中國電力機車打破了出口「零的紀錄」，開始進入國際市場。由此，大連公司成為中國既有內燃機車、又有電力機車出口的唯一廠家。

烏茲別克斯坦塔什干地區十分寒冷，氣溫最低可達 -20℃ 以上。來自中國的電力機車乃量身定製的高寒電力機車。大連公司對這批機車進行了防寒特殊設計，增加 AC3000V 列車供暖系統，能夠抵禦 -30℃ 的低溫，完全適應烏鐵路的運輸環境。

2011 年，烏茲別克斯坦國家鐵路公司計劃從中國招標

採購貨運電力機車、備件及技術服務，項目總投資 4500 萬美元。當年年末，大連公司與中國技術進出口總公司組成的聯合體中標，在北京簽署了 11 台電力機車採購合同。

大連公司向烏茲別克斯坦交付的大功率電力機車，以榮獲國家科學技術進步一等獎的和諧 3 型大功率交流電力機車技術平台為基礎，搭建起了符合俄羅斯國家標準的大功率交流傳動 6 軸 1520 毫米寬軌電力機車技術平台。機車功率 7200 千瓦，最高運行時速 120 公里，定型為「CKE2 型」。機車具有功率大、速度快、節能環保、抗寒等優點，屬於鐵路幹線客貨兩用機車。在平直道路牽引貨物，運量可達 5000 噸，具有世界先進技術水平。

近幾年來，大連公司的海外機車市場不斷得到輻射和拓展，機車出口近 20 個國家和地區。這是繼國產內燃機車持續出口新西蘭、首次登陸南美阿根廷後，大功率交流傳動電力機車第一次駛出國門。CKE2 型電力機車穿過阿拉山口，經過哈薩克斯坦，歷經 8000 多公里，挺進首個中亞國家——烏茲別克斯坦，具有重要的里程碑意義。

2015 年 10 月 30 日，大連公司向中亞出口電力機車，與中國技術進出口總公司組成聯合體，同烏鐵簽訂了第二批 11 台 CKE2 型電力機車出口合同，累計訂單 22 台。

此後，烏鐵對中國 CKE2 型電力機車進行了一系列嚴格試驗，涉及 10 多個大項。機車線路試驗中，包括重聯牽引極限重量貨運列車、18‰ 上坡道停車及重新起動、制動距離在內的檢驗機車關鍵性能的試驗項目，均一次性通過。上線累計運行公里數，達到規定的 1500 公里，機車狀態良好。烏鐵方面充分肯定了 CKE2 型電力機車的優良品質和性能。

大連公司交車組與用戶方共同制定現場培訓計劃，編製培訓大綱，明確在三批機車交付的兩個間隔期內完成四周的培訓。指導教師主要由交車組技術開發部成員等擔任，為用戶更好地運用維護好高寒

機車提供有力支持。

出口烏鐵的第二批電力機車與第一批相比，機車性能繼續改進和提升，機車功率由 6000 千瓦增至 7200 千瓦，在平直道路牽引貨物，運量可達 5000 噸，增長了 20%。

眼下，烏茲別克斯坦鐵路基礎設施建設步伐不斷加快，對電力機車和內燃機車的需求也在不斷增加。大連公司抓住機遇，全方位為烏茲別克斯坦提供技術、產品、服務等支持。與當地鐵路部門密切合作，在牽引動力維護、配件供應等方面提供全方位服務，樹立起良好的國際形象。

走向南非

2015 年 4 月 10 日，首台 22E 型電力機車在株洲下線。這是株洲電力機車公司三年內為南非研製的第三款電力機車，也標誌着中國軌道交通裝備單筆最大金額出口訂單——南非電力機車購置合同順利履約。

一年前，南非面向全球採購 599 台機車。2014 年 3 月 17 日，株洲公司擊敗眾多國際知名企業，一舉獲得 359 台電力機車訂單，迎來了中國電力機車揚名國際市場的歷史性時刻。總價值近 21 億美元的訂單，既是中國軌道交通裝備史上最大的單筆出口訂單，更是中國電力機車品牌獲得國際認可的生動詮釋。

這是株洲公司繼 2012 年獲得南非 95 台電力機車訂單後，再一次贏得南非電力機車大單。2013 年 3 月，中國南車（南非）有限公司掛牌成立，同年 11 月，此項目的首台機車——代表中國與南非偉大友誼的「曼德拉號」抵達南非，並舉行了盛大的接車儀式。曼德拉基金會將這批來自中

國的新型機車命名為「曼德拉號」，以向推動人類文明進步的南非前總統曼德拉致敬。

南非是世界上較早有鐵路運營的國家，現有鐵路網和機車量規模都很大。然而，南非不同地區的鐵路電流不盡相同。有的路段使用交流電，有的路段卻使用直流電。南非在招標時，明確要求這批電力機車能滿足「不停車的情況下實現電流切換」，同時要求在 16 個月左右交出第一台產品。

面對一系列「特殊要求」，參與競標的跨國公司知難而退，而株洲公司卻是迎難而上，為南非研製「雙流制」電力機車。根據已出口南非的 20E 型、21E 型 4 軸電力機車在設計和運行中所積累的經驗，株洲公司科研人員僅用七個月時間就完成了南非 22E 型電力機車的研發。僅用九個月時間，株洲公司就向南非交付此次合同的首批電力機車，令南非方面刮目相看。

新型機車能夠自動檢測接觸網類型，完成兩種制式的自動配置和轉換，確保在交流 25 千瓦（50Hz）和直流 3 千伏兩種供電制式接觸網下運行。新型機車採用了多機重聯控制、無線分佈重聯控制、內（內燃機車）電（電力機車）重聯控制、低恆速控制等先進技術，填補了中國和南非兩國在雙流制（直流／交流受電）窄軌 6 軸電力機車技術上的空白，拓展了國內電力機車型譜。

22E 型電力機車牽引功率約 4650 千瓦，最高運行時速 100 公里，能在 1065 毫米軌距的鐵路上單機牽引 4000 至 4500 噸的貨物列車，堪稱「平衡木」上的鐵路大力士。機車不僅能實現 8 台電力機車重聯，還能與內燃機車重聯，可滿足南非鐵路電力／燃油機車混跑進行大宗貨物運輸的現實需求。機車主要用於南非煤炭和礦石的運輸，適用於南非全境幹線鐵路使用。

2015 年 3 月，南非總統祖馬在當地出席了株洲電力機車公司電力機車下線儀式。至今，株洲公司已在南非開展了包括車體組焊、車

體油漆、構架組焊、構架加工、構架油漆、轉向架組裝、機車組裝、機車調試、工藝設計人員培訓等多方面的基地建設和後續工作，以滿足後期部分機車在南非實施 60% 的當地化（含合資工廠）製造。

經過株洲公司的援助，短短兩年時間，南非電力機車產業從零起步，已經初步形成了屬於南非的電力機車製造產業人員隊伍。南非科都斯珀特工廠已經具備了年組裝 100 台電力機車的能力，到 2018 年，增至 150 台。

早在 1997 年，株洲公司就開始在世界範圍內佈局，並向中東伊朗研製出口了 TM1 型電力機車，這是中國電力機車首次整車出口。代表中國電力機車第一次「出海闖世界」，實現了「零的突破」。

新世紀初，烏茲別克斯坦和哈薩克斯坦等中亞國家先後制定了推進鐵路現代化進程的規劃，力爭通過引進國外先進技術，為其提供現代化的幹線貨運電力機車和快速客車。株洲公司不失時機，憑藉性價比優勢，2001 年獲得首批 3 台哈薩克斯坦電力機車訂單，打開了中亞地區市場的大門。

2010 年，隨着出口烏茲別克斯坦的電力機車啟運交付，株洲公司將迎來出口機車集中交付期——全年將交付烏茲別克斯坦、哈薩克斯坦等中亞國家及其他地區出口機車 65 台。

一路走來，株洲公司先後在伊朗、烏茲別克斯坦、哈薩克斯坦、新加坡、土耳其、印度、馬來西亞、南非、埃塞俄比亞、馬其頓等國家獲得近 30 個海外項目訂單，合同額累計逾 300 億元。中國電力機車在中東、東南亞、中亞、非洲、歐洲等地的鐵路上歡快穿梭，展示了中國製造業的良好形象。

「中白一號」

2015 年的歲末，中歐班列途經的重要交通樞紐——白俄羅斯鐵路中心城市巴拉諾維奇，白雪皚皚，滴水成冰。深冬的巴拉諾維奇，氣溫低於 -10℃。一列由「中白一號」電力機車牽引的、滿載 8000 噸木材和煤炭的鐵龍，呼嘯着駛向首都明斯克。

「中白一號」是中國出口白俄羅斯的大功率幹線貨運機車。2010 年 3 月 25 日，大同電力機車公司與中國電氣進出口有限公司、白俄羅斯鐵路聯盟在明斯克共同簽署了「中白貨運 1 型」電力機車供貨合同。合同包括 12 台「中白一號」及一個維修基地，合同總額近 7 億元人民幣。這是「中國製造」大功率電力機車首次登陸歐洲大陸。「中白一號」出口白俄羅斯，實現了中國製造機車產品對世界六大洲的全覆蓋。

大同公司，這個曾經的前進型蒸汽機車主要生產廠家，曾多次創造中國機車生產的奇跡。「中白一號」6 軸的獨特設計，8.5 厘米的軌距差，這些數字上的細微變化，背後卻需要技術上的強大支撐。而白俄羅斯極寒的惡劣天氣，又像一座大山威脅着機車的安全性能和功率的發揮。

大同公司自主研製的「中白一號」，作為中國出口歐洲市場的第一款大功率機車，採用國際先進的交流傳動方式，總功率 9600 千瓦，設計時速 120 公里，具有極強的自檢和故障識別診斷能力。「中白一號」在單機牽引能力、幹線機車整備時間等方面都刷新了多項白俄羅斯機車紀錄，經受住了當地冬季暴雪、極寒惡劣天氣的考驗。在極寒天氣下，滿載 8000 噸的貨物列車快速奔馳，而以往白俄羅斯列車的載重量最多是 5000 噸。

作為地處亞歐鐵路運輸樞紐的白俄羅斯，在選擇購買電力機車時，條件可謂是嚴苛。2013 年，首批兩台「中白一號」剛運抵白俄

▶ 首台中白貨運 1 型
電力機車落車
（張曉濱攝）

▲ 中白 1 型電力機車通過阿拉山口邊境口岸 （張曉濱攝）

羅斯，就遭遇了一個「下馬威」：一場國內從沒做過的體系和認證標準試驗。

白俄羅斯是 1520 毫米的寬軌，中國則是 1435 毫米的標準軌，體系有本質的差別。很多認證的試驗，在中國國內都沒做過。第一次是做碰撞試驗，那邊一個裝滿水的罐車，拉到一定的速度放開，中國的機車後面讓貨車頂着、撞擊。結果大部分試驗都是一次性通過。最終，這批中國製造的電力機車通過了世界上最嚴格的鐵路考核標準，順利進入白俄羅斯鐵軌運行。

至今，12 台「中白一號」已經在白俄羅斯安全運行 60 萬公里。自「中白一號」批量投入使用後，白俄羅斯鐵路貨

物列車編組擴大，運輸效率明顯提高。「中白一號」也因此成為歐洲跨國聯運和中歐鐵路班列過境白俄羅斯的主力牽引裝備。超過一半以上的過境白俄羅斯貨運列車都是由「中白一號」牽引。

鑒於「中白一號」的優秀表現，2013 年 7 月 18 日，白俄羅斯鐵路聯盟再次與大同公司簽訂合同，購入 18 台「中白貨運 2 型」電力機車，進一步充實鐵路牽引動力。

白俄羅斯對進口的各類產品都要進行嚴格的產品技術認證。由白俄羅斯鐵路聯盟外事司、機車部、認證部、俄羅斯新認證局等機構，共同發起的對「中白貨運 2 型」電力機車的產品認證，歷經近一年時間。通過技術認證、實地考察、資格評審等程序，「中白貨運 2 型」機車的 15 類 22 項部件，全部通過白俄羅斯國家審核認證。

2015 年 11 月，大同公司再次拿到了為白俄羅斯研製「中白二號」電力機車的訂單。2016 年的新春，「中白二號」駛出國門，駛向白俄羅斯。伴着驟降的氣溫，一路暢通。

針對東歐鐵路的特點和實際路況，「中白二號」在機車內部環境智能化、系統安全預警等方面實現進一步優化，按照獨聯體鐵路和國際鐵路雙重標準打造，具備執行跨國聯運的能力。

2017 年 7 月，「中白二號」通過了歐亞經濟聯盟 EAC 鐵路機車車輛安全規範認證。這標誌着中國大功率交流傳動電力機車首次獲得「歐亞簽證」，正式進入歐亞鐵路市場。

「中白二號」首獲「歐亞簽證」，不僅意味着這個型號的電力機車能夠在俄羅斯、白俄羅斯、哈薩克斯坦等歐亞經濟聯盟成員國境內運行，執行跨國聯運任務，而且對於提升中國軌道交通裝備的科研創新能力具有良好的促進作用。同時，隨着中國密集開行中歐班列，「中白二號」將與過境獨聯體國家的中歐班列構成嶄新的「中國組合」，有力地促進中歐物貿往來。

第四章

高速列車貼地飛行

2 0世紀60年代後，高速鐵路作為鐵路復興的重要標誌，在一些發達國家得以快速發展。進入新世紀，為了應對能源短缺、氣候變化的嚴峻挑戰，高速鐵路以其高速度、大運能、舒適安全、節能環保等比較優勢，越來越引起世界各國的高度重視。

坐落在西南交通大學校園內的「牽引動力國家重點實驗室」，擁有世界上最先進的機車車輛滾動振動試驗台、高速輪軌摩擦磨損試驗台等先進的實驗裝置。中國高速列車正式上線之前，都必須在這個實驗室裏「跑一跑」。眼下，試驗台運行模擬速度已經提升到時速600公里，是當今鐵路機車模擬試驗的世界最高速度。

這裏見證了中國高速列車不同時期的輝煌，經歷了「中華之星」家族、「和諧號」系列和「復興號」高速列車發展的三個階段。以「復興號」為代表的中國高速列車，集世界先進科技成果之大成，凸顯了中國智慧。

▶ 復興號CR400AF型動車 （羅春曉攝）

20 世紀 50 年代末期，中國開始研製內燃、電力動車組。由於性能不過關、運用條件不成熟，這些動車組沒能投入使用。直至「九五」之前，國產動車組的研發十分滯緩。

自 1993 年起，中國重啟高速動車組研製工作，立足自主，部分系統、部件開展國際合作。在短短 5 年時間內，先後研製成功了四種內燃動車組和七種電力動車組。

DMU 型、「新曙光號」「神州號」「和諧長城號」等動力集中型內燃動車組，「大白鯊」「藍箭」「春城」「先鋒」「中原之星」「中華之星」等動力集中型或動力分散型電力動車組，相繼上線投入使用。設計時速分別達到 120 公里、160 公里、180 公里和 200 公里以上，迅速形成了一個龐大的國產動車組家族。這是中國第一代動車組產品。

動車組與高速列車

在許多人的印象中，動車組與高速列車是一個意思。

其實，兩者不能完全等同。動車組不等於高速列車，但高速列車必定是動車組。只有最高運行時速達到 250 公里以上的動車組，才能稱之為高速列車。

根據 UIC（國際鐵路聯盟）的定義，高速鐵路是指設計最低時速為 250 公里的新建客運鐵路，或最低時速為 200 公里的從普通鐵路改建而成的鐵路。然而，有許多專家不認同這種觀點。他們認為，高速鐵路必須是新建的設計時速在 250 公里以上的客運鐵路，舊線提速改造，安全可靠性不強，不能列入。

國際鐵路聯盟解釋道：高速鐵路有一系列的指標特徵，並非列車運行速度高就叫高鐵。早在 20 世紀初，當時蒸汽

▲ 飛馳的高速列車

機車「最高速率」超過時速 200 公里的比比皆是。如法國國營鐵路公司、德國鐵路公司等一些商業運營的列車時速均達到了 200 公里，但他們並不把這些鐵路叫高速鐵路。

　　直到 1964 年，日本新幹線系統開通，這是世界鐵路史上第一個實現「運營速率」高於時速 200 公里的高速鐵路系統。高速鐵路除了列車運營速度要達到一定標準外，車輛、路軌、操作和行車指揮系統都需要配套提升。廣義上的高速鐵路，還包含使用磁懸浮技術的高速軌道運輸系統。

　　1996 年，歐盟也曾對高速鐵路標準進行過規範。歐盟認為，高速鐵路必須達到兩個指標：其一，基礎建設專為高速列車所建，時速在 200~250 公里；其二，在高速鐵路上運行的列車必須保證安全，並

為乘客提供高品質的服務。

儘管美國還沒有嚴格意義上的高鐵，但美國聯邦鐵路管理局也曾規定，時速超過110英里（177公里）即屬於高速鐵路。

2010年12月，第七屆世界高速鐵路大會在北京召開。來自世界各地的高鐵專家聚首北京。如何定義高速鐵路，是重要議題之一。會議最終將高速鐵路定義為：新建的客運專線、時速超過250公里的動車組列車、專用的列車控制系統。只有同時具備了這三個條件，才能稱之為高速鐵路。

2014年1月1日，中國開始實施新的《鐵路安全管理條例》。《條例》亮出了中國關於高速鐵路的定義：高速鐵路是指設計開行時速250公里以上（含預留），並且初期運營時速200公里以上的客運列車專線鐵路。

顯然，中國高速鐵路定義吸取了國際社會對高鐵定義的合理部分，又順應了世界高鐵的發展潮流。按此定義，目前中國高鐵線上運營的高速列車，以及部分「動車」和「城際列車」都屬於高鐵，也就是說以「G」「D」「C」字母開頭的車次，都應該是高速列車的範圍。

從火車問世的第一天起，就是車頭拉着車廂跑。直到20世紀60年代初的一天，日本新幹線0系「光號」列車讓人們眼睛一亮：人們習慣了的火車頭不見了，眼前的車頭形狀與戰鬥機機頭形狀有些相似，呈漂亮的流線型，充滿了美感與現代感。這就是新型的動車組列車。

所謂動車組列車，是指在鐵路上運行、本身裝載營業載荷的自推進車輛，是運送旅客和行李包裹的鐵路運輸工具。動車組按動力裝置分為內燃動車組、電力動車組兩類；按傳動裝置分為機械傳動動車、液力傳動動車和電力傳動動車三

類。按動力排佈分為動力集中式和動力分散式兩種。

　　是將動力集中在車頭上，還是化整為零地分散到各節或多節車廂上，這是世界上兩種不同的高速列車技術。日本首創動力分散方式，法國、德國堅持動力集中方式。長期以來，雙方一直在關鍵技術上展開競爭。40多年間，這個較量推動了世界高鐵技術的不斷發展，走向成熟。

　　日本新幹線0系列車，是動力分散方式動車組。最早投入運營的0系列車為12輛編組，全部採用動車，即每一節車廂都有動力。按日本科學家的說法，多動力列車肯定比單一由車頭動力牽引的列車跑得快。

　　直至1981年，法國動力集中方式的TGV-PSE高速列車出現。爾後，法國動力集中型動力組速度屢創新高。1990年5月18日，法國TGV-A動車組在大西洋線上的試驗時速達到515.3公里。17年後，這一最高紀錄被打破。2007年4月3日，法國動車組在行駛試驗中時速達到574.8公里，創造了新的有軌鐵路行駛速度世界紀錄。

　　這次破紀錄的法國試驗高速列車，被命名為「V150」，意思是實現行駛速度超每秒150米，即時速540公里的目標。V150高速列車是為此次試驗專門研製的。列車全長106米，重268噸，由兩台牽引機車和3節車廂組成，為動力集中式動車組。與目前法國高速鐵路實際運營的列車相比，這一列車車輪的直徑從920毫米增加到了1092毫米，牽引力也增加了一倍。

　　與動力分散方式相比，動力集中方式的動力裝置少，車輛維護工作量少，價格相對低廉。如動力分散的0系車，16輛動車編組的牽引總功率為11840千瓦，共使用64台牽引電機。同樣是高速列車的動力集中方式的「歐洲之星」，20輛編組，前後各配置一台機車，牽引電機卻只有12台，還不到0系車的1/5。

　　再者，由於動力集中方式運載旅客的拖車沒有動力裝置，運行過

程中就沒有動力裝置引起的振動和噪聲，乘坐的舒適度會更好，保證乘客長途乘車不易疲勞。

早在 20 世紀 30 年代末，日本國鐵的專家就意識到，動力集中方式雖然有諸多優點，但是由於機車的軸重大，且牽引電機集中在機車上，機車底部的車軸就要承擔更大的重量，因而運行時對軌道的破壞作用也大。比較而言，動力分散方式可以降低對軌道的要求。除此之外，動力分散方式的優點還在於：列車動力更容易根據需要進行調整；制動時分散在多個車輛下的牽引電機可以作為發電機使用，將列車動能轉換為電能從而獲得制動力，減少機械制動裝置的負擔等等。至於動力分散方式振動和噪聲大的問題，完全可以通過提高減振減噪技術來解決。

經過激烈的技術競爭和漫長的實踐考驗，至今法國、德國已相繼成為了動力分散型動車組的研發、製造國家，成功地創新出歐洲版動力分散型高速列車。當前，動力分散方式已成為世界高速列車技術的發展趨勢。

內燃動車組的經歷

世界上第一列內燃動車組誕生在德國柏林，時間是 1903 年 7 月 8 日。這是一列動力車廂與無動力車廂混編的高速列車，由一個司機全面操控。

1914 年，中國雲南滇越鐵路首次出現了內燃動車組。這列名為「米其林號」列車，是中國鐵路史上最早的動車組，白色的車身，藍色的「MICHELIN」標誌，運行時速 70 公里，最高可達 100 公里。那時，全世界的鐵路上跑的都是蒸汽機車。這列專供鐵路高層管理人員和達官顯貴乘坐

的「米其林號」車，給人一種很舒適、很時尚的感受。

「米其林號」動車組乃法國製造，有客車廂和附屬行李車。車內設有軟席座位 19 個、硬座 24 個，還設有洗臉間、衛生間、廚房和西餐廳，裝飾豪華，猶如一個功能齊全的流動賓館。1935 年，宋美齡女士乘坐「米其林號」兜風，對「米其林」的舒適、便捷讚歎不已。

如今，這列「米其林」動車組，靜靜地躺在雲南鐵路博物館的機車館內。

1962 年，中國從匈牙利岡茨馬瓦格公司進口了 8 組「NC3 型」內燃動車組，共 32 節車。曾經配屬北京機務段，用於京津特快列車運輸任務，後又轉配給蘭州鐵路局跑專運，1987 年報廢。

▼ 滇越鐵路「米其林」動車組　（羅春曉攝）

與一些發達國家相似，中國動車組研製工作起步時，也是沿用「內燃、電力動車組並舉，內燃動車組先行」的發展路徑。1958 年 9 月，中國自行研製的第一列「東風號」內燃動車組，在四方機車車輛廠下線。這列動車組由兩台 600 馬力的內燃機車和 4 節雙層客車組成，試驗運行時速 90 公里。1994 年，研製出第一款動力分散型液力傳動內燃動車組「天安號」。由於性能不過關，沒能上線運行。

1998 年 5 月，中國首列「DMU 型」動力集中型雙層內燃動車組，在唐山機車車輛廠成功下線，次月在南昌至九江間投入運行。DMU 型動車組為流線型設計，造型美觀大方。2 動 2 拖固定編組，首尾為動車，中間為拖車。設有硬座、軟座、硬臥、軟臥等，安裝有空氣調節裝置。車門採用塞拉門，風擋為全密封式。動力系統採用美國康明斯 QST30 系列產品，實行 PLC 控制，達到前後車同步的目的。總功率為 1320 千瓦，設計時速 120 公里，總定員 540 人。

中國首列單層液力傳動動力集中型內燃動車組，於 1998 年底在四方廠竣工。次年 2 月，在南昌至九江和南昌至贛州間投入運行。動車組為 2 動 4 拖固定編組，總功率為 2000 千瓦，設計時速 140 公里，總定員 546 人。

「新曙光號」準高速雙層動力集中型內燃動車組，誕生於 1999 年 8 月，當年 10 月在滬寧線上投入商業運行，定型為「NZJ1 型」。「新曙光號」採用了東風 11 型準高速內燃機車和 25K 型雙層客車的成熟技術，由戚墅堰廠和南京浦鎮車輛廠聯合研製完成。為 2 動 9 拖固定編組，首尾 2 輛為動車，總定員 1440 人。總功率 5520 千瓦，設計時速 180 公里，最高試驗時速達到 198 公里，曾創造滬寧線最高試驗速

度紀錄。

　　作為「新曙光號」的後代產品,「神州號」動力集中型雙層內燃動車組於 2000 年 7 月下線,由大連機車車輛廠、長春客車廠與四方廠及北京鐵路局聯合研製完成,定型為「NZJ2 型」。動車組裝用了新型準高速轉向架、空氣彈簧減振,以及全球衛星定位系統。即使在高速運行中發生意外緊急剎車,列車仍舊平穩如常。前後為兩台動力車,中間為 10 輛雙層拖車,設有空調硬座車和空調軟座車,總定員為 1440 人。動車組總功率為 3480 千瓦,運行時速 180 公里,最高試驗時速達到 210.8 公里,曾創造國產內燃動車組最高試驗速度紀錄。

　　「神州號」動車組是中國準高速內燃動車組的主要型號之一,共生產了五組。2000 年至 2007 年間,曾作為京津城際特快旅客列車運

▼「神州號」內燃動車組　(羅春曉攝)

▲「和諧長城號」內燃動車組 （羅春曉攝）

營，經歷了中國鐵路第三次到第六次大提速。2007 年，「和諧號」投入運營後，「神州號」分別調配到武漢鐵路局和南寧鐵路局擔當管內特快列車。

「神州號」採用白色車體塗裝，搭配一細一粗兩條紅色腰線，灰色的車頂及車底裙邊，因列車獨特的塗裝和車頭造型特點，「神州號」又被網友起名為「大白貓」。

「和諧長城號」也是在「新曙光號」基礎上研製的。動車組採用旅遊客車設計，機車和客車車廂分別由戚墅堰廠與南京浦鎮車輛廠製造。為 2 動 7 拖固定編組，頭尾每端各配有一台柴油機車，以推挽式運行，最大運行時速為 160 公里。目前仍然運行在北京城鐵 S2 線上，來往於北京北站、八達嶺站與延慶南菜園站之間，乃旅遊列車。

曾經運行於蘭州至西寧、蘭州至嘉峪關區間的「金輪號」動力集

▼「金輪號」內燃動車組　（羅春曉攝）

中型內燃雙層動車組，2001 年由大連廠、四方廠和蘭州鐵路局聯合研製。「金輪號」是在「神州號」基礎上，進行了高原性增壓處理和防風沙設計，以適應中國西部地區的高海拔、大風沙環境。頭尾各一台柴油機車，推挽式重聯牽引，標稱功率為 2740 千瓦，最大運行時速 180 公里。這是中國第一列高原內燃動車組。

就當時的情況而言，中國動車組的研發，堅持「以我為主」的方針，適當借鑒國外先進技術，動力集中型內燃機車和電力機車的技術相對成熟。但是由於柴油動力能耗高、環保效果差、噪聲大，而動力集中型電力機車面臨着提速極限的問題。最終，國產自主研發的動車組，都沒有真正實現批量生產。

然而，也正是在這個時期，國產電力動車組表現出良好的發展態勢。儘管質量上不如人意，但是必須肯定，這是中國高速列車發展的必然過程。在這個過程中，我們積蓄了技術力量和經驗，加重了技術引進的談判砝碼，由此拉開了中國高速列車發展的序幕。

「大白鯊」開先河

20 世紀 60 年代，長春客車廠曾經為北京地鐵研製了第一批地鐵電力動車組。這應該是最早的國產電力動車組。70 年代末 80 年代初，長春廠、株洲電力機車研究所和鐵道部科學研究院聯合研製和開發了時速 140 公里的電力動車組，並於 1988 年成功下線，定型為「KDZI 型」。動車組為 2 動 2 拖固定編組，時速 140 公里。但是，未能投入商業運營。

國產首列真正上線運行的高速動車組應該是「大白

鯊」。這是中國第一台正式進入高速領域的動力集中型電力動車組，採用「交流─直流」電傳動方式，持續功率4000千瓦，最高運營速度為200公里。1999年由株洲電力機車廠研製完成，屬於實驗性車型，僅試製一列，未投入批量生產。

在相當長的時間裏，中國旅客列車最高時速一直停留在120公里的水平。1990年，鐵道部選定廣深鐵路作為試驗區段，決定對既有線路進行技術改造。以時速160公里的準高速鐵路作為突破口，啟動高速鐵路探索性試驗。1994年12月，廣深準高速鐵路正式開通並投入運營，列車最高時速達到174公里。

由此，鐵道部決定向時速200公里的高速鐵路領域進軍。1997年1月5日，韶山8型電力機車在北京環形鐵道試驗線上，創造了當時中國鐵路最高試驗速度──212.6公里/小時。同年，由鐵道部科教司立項的「200公里/小時電動旅客列車組」項目，被列入中國「九五計劃」國家科技攻關計劃發展項目。

1997年4月，鐵道部正式下達了《200公里/小時電動旅客列車組設計任務書》，主要目標是研製運營速度200公里/小時，最高試驗速度達到220公里/小時，並能用於商業運營的電力動車組。株洲電力機車廠、長春客車廠、四方機車車輛廠、唐山機車車輛廠、南京浦鎮車輛廠及株洲電力機車研究所等協同作戰，共同攻關。

時速200公里的高速動車組，牽引動力以韶山8型電力機車技術為基礎，採用「一動六拖」的動力集中方式，使用4台功率為1000千瓦的直流牽引電動機，總牽引功率達4000千瓦。轉向架採用電機架承式全懸掛結構及輪對空心軸傳動，構架為高強度低合金材料。司機室所有操作及顯示裝置，成弧形分佈在正司機周圍，管道式空調、可調節軟椅、電加熱玻璃，營造出舒適安全的駕駛環境。

1998年6月，高速動車組在京廣鐵路許昌至小商橋區段進行了首次時速200公里旅客列車正線綜合性能試驗，最高試驗速度達到

240 公里 / 小時，創造了當時中國鐵路第一速。這一速度，驗證了既有線試驗區段的提速改造整體水平，同時也為中國電力動車組的研製提供了試驗數據。

　　1999 年 3 月，經鐵道部確認，時速 200 公里動車組正式定型為「DDJ1 型」，中文名字「大白鯊」。同年 7 月 7 日，「大白鯊」動車組在北京環形鐵道試驗線進行首次綜合試驗，最高試驗時速達到 180 公里。

　　這一年 8 月，「大白鯊」赴廣深鐵路上線試驗。試驗包括機車車輛、線橋設備及列車超速防護系統等三個方面 100 餘項測試項目，順利通過鐵道部專家組的運營考核。1999 年 9 月 27 日起，「大白鯊」在廣深鐵路以時速 180 公里的最

▼ 韶山 8 型電力機車（羅春曉攝）

高運營速度，開始載客試營運。每天擔當兩對來往深圳和廣州東的城際列車。由此，「大白鯊」以時速 200 公里上線載客的紀錄，首開中國高速旅客列車的先河。

然而，基於直流電動機的技術限制，「大白鯊」動車組電機的各項性能指標已接近或超過臨界值，導致牽引電機可靠性較差，機車耗電量大。「大白鯊」投入商業運營後，故障率居高不下。運營的一年時間裏，總停運時間長達幾個月。因此只得暫時停用，作為備用車。

其實，「大白鯊」具有很強的實驗性質，實際上就是一個固定編組的韶山 8 型電力機車牽引列車。客車車廂都是由國內四家客車車輛製造廠分別製造的。可靠性不佳，是最初國產動車組的通病，也是「大白鯊」最終被打入冷宮的致命原因。

到 2002 年，「大白鯊」完全停運，封存於廣州車輛段石牌客技站。2003 年 4 月，又轉移到北京環形鐵道試驗線封存。

「春城號」春光無限

1999 年 4 月 16 日，在昆明世界園藝博覽會開幕前夕，由長春客車廠、株洲電力機車研究院和昆明鐵路局聯合開發製造的「春城號」電力動車組閃亮登場。它以 120 公里的時速，飛馳在昆明—石林的城際鐵路線上。

這裏需要說明的是，儘管「大白鯊」製造在先，但從投入商業運營的時間來看，「春城號」卻早於「大白鯊」。嚴格意義上講，「春城號」應該是中國首列投入商業運營的電力動車組。

「春城號」動車組為動力分散型交直傳動方式，3 動 3 拖固定編組，牽引總功率 2160 千瓦。車內造型新穎，色調明快，設施齊全，軟座車為新型可調節座椅，硬座車為仿人體工程學座椅，還設有投影電視、信息顯示、吧台、食品冷熱加工設備、真空集便裝置等設施，

▲ 雲南鐵路博物館中收藏的「春城號」動車組　（羅春曉攝）

具有較強的舒適性和實用性。

運用國內電力機車成熟技術 —— 可控硅多段橋技術及微機控制技術。首次採用無搖枕轉向架及數字模擬式制動機，控制電路為多單元重聯技術，安全可靠，便於操作。

「春城號」從開始設計到投入運行，僅僅用了八個多月的時間。由於磨合期短，導致列車投入服務後初期麻煩不斷，尤其是輔助電源系統、傳動系統、風源系統等方面發生了較多故障。經過一段時間的改進後，狀態才漸趨穩定。在昆明世界園藝博覽會舉辦期間，旅遊客流量大，「春城號」趟趟爆滿。博覽會結束之後，客流量每況愈下，加之票價偏高，每趟列車經常只有三四十名旅客。

2003 年 5 月 6 日，風光一時的「春城號」因客流不景氣被迫停運，改為擔當昆明至宣威的旅客列車。2006 年初，又調整擔當昆明至楚雄的普通旅客列車，在成昆鐵路、廣大

鐵路運行。由於廣大鐵路沒有實行電氣化改造,「春城號」在廣通至楚雄間只能由內燃機車牽引。

2007 年 4 月,滬昆鐵路沾昆複線建成通車,為了充分利用複線鐵路大通道功能,昆明鐵路局增加了管內滬昆線列車開行對數。2007 年 6 月 1 日起,「春城號」開始擔當昆明至曲靖間城際列車。每天開行 T901/2 次和 T903/4 次兩對城際列車,從昆明至曲靖需 106 分鐘。因受到滬昆鐵路的供電系統分相區設置的限制,「春城號」編組曾一度縮減至 4 節,列車載客量減少至 372 人。

「春城號」動車組僅生產一列,配屬昆明鐵路局。2009 年,「春城號」被封存於廣通機務段,其中另一節備用頭車封存於昆明機務段。

「先鋒號」勇於爭先

2001 年 5 月,中國首列時速 200 公里動力分散型動車組在南京下線。代號「DJF2 型」,命名為「先鋒號」。同年 10 月 26 日至 11 月 16 日期間,「先鋒號」動車組在廣深線試跑,創造了當時中國列車最高時速 249.6 公里。2002 年 9 月 10 日,在秦瀋客運專線測試中,又跑出了時速 292.8 公里的最好成績。兩個月後,這一紀錄被「中華之星」動車組創造的時速 321.5 公里所打破。

「先鋒號」由南京浦鎮車輛廠負責研製,上海鐵道大學、鐵道部科學研究院、株洲電力機車研究所等院校協助完成,被國家計劃委員會列為「九五計劃」的重點科技攻關項目。

縱觀世界電力機車技術的發展,發達國家的電力機車傳動方式都是交流傳動。而中國的電力機車技術卻一直處在直流傳動的初級水平。通俗地講,就是電力機車使用的都是直流電動機。這是制約國產動車組研製的關鍵所在。

▲「先鋒號」動車組 （羅春曉攝）

交流電動機的顯著特點，就是體積小、功率大。要提升電力機車功率、增加牽引力，提高運行速度，必須將直流電動機改用交流電動機。由此，1998 年鐵道部提出，要用 10 年的時間，完成中國電力機車由直流傳動向交流傳動的轉變，實現機車牽引動力技術的大飛躍。

「先鋒號」的先進性在於，在國內率先採用了「交流—直流—交流」傳動技術。也就是說，國產電力機車第一次改用交流電動機。動車組由兩個單元計 6 輛車組成，每 3 輛車組成一個單元，其中包含 2 輛動車和 1 輛拖車。一等軟座車 1 輛，二等軟座車 5 輛，總定員 424 人。總功率為 4800 千瓦，最高時速可達 200 公里以上。

研製過程中，中國專家和工程技術人員積極學習借鑒日本動力分散型技術，採用了微機控制直通電空模擬式制動系統、微機網絡控制系統等先進技術，裝有三菱電機 IPM 牽引變流機組、無搖枕動力轉向架和非動力轉向架，並對三大電路、轉向架和制動系統等各主要部件都做了大量的工藝試驗、性能試驗和地面綜合試驗，極大地提升了國產動車組的品質和效能。

動車組組裝後，研製單位又進行了大量的單元和整列車調試工作。2001 年末至 2002 年，「先鋒號」來往於廣州東站與深圳站之間，在廣深鐵路進行試驗性商業運營。2003 年至 2004 年，在廣深線、秦瀋客運專線繼續進行試驗，運行考核試驗達到 50 萬公里。

而後，一度擱置停用。2007 年 7 月 7 日起，「先鋒號」開始擔當成都到重慶北城際特快列車，經由達成鐵路、遂渝鐵路運行。車次為「T」字頭管內特快列車，最高營運時速被降至 160 公里。

2010 年 5 月，「先鋒號」配屬貴陽車輛段，在貴陽—獨山、貴陽—都勻間運行。據當時的貴陽媒體報道，5 月 26 日，號稱「貴州第一速」的「先鋒號」，在貴陽至都勻間往返開行。將旅客列車的 80 公里時速，提高到 120 公里以上，標誌着貴州山區鐵路從「普速」進入「快速」階段。

2010 年 10 月，「先鋒號」返回南京浦鎮車輛廠大修，之後一直停用。由此，貴陽至都勻間開行的城際列車改由「藍箭號」動車組運行。

「藍箭」新時速

由於中國電機技術的局限性，「大白鯊」動車組不太成功，但沒有讓人氣餒。緊隨之後，一款新型的動力集中型動車組接踵而來，它就是日後大名鼎鼎的「藍箭」動車組。

隨着「小編組、高密度、高速度」的公交化營運模式的推進，廣深城際鐵路迫切需要一種新時速的動車組，以滿足開行快速列車的需要。1999 年，鐵道部動員組織國內科研機構和企業與國外企業合作，研製「藍箭」。由此，開啟了「自主 + 合作」的新型生產模式。2000 年，鐵道部通過技貿合作，引進了法國高速鐵路核心技術部件——GTO VVVF牽引逆變器。

歐洲動車組先進技術的引進，加快了國產「藍箭」的研製步伐。以歐洲高速列車技術為基礎，結合中國的最新技術運用，一年後，完成了時速 200 公里級「藍箭」的設計和生產。動車使用了 4 台德國 ADtranz 製造、功率為 1225 千瓦的 4FHA7056C 型異步交流牽引電動機，以及 IPM 水冷機組和分佈式微機網絡控制系統。車輛採用 CW-200 型無搖枕空氣彈簧轉向架，帶有盤式制動裝置，具備 ABS 防滑行保護功能。

2000 年 9 月 3 日，首列「藍箭」在株洲電力機車廠下線。9 月 21 日，在長春客車車輛廠與拖車對接，正式命名為「新時速——藍箭」。隨後，「藍箭」前往北京環形鐵道

▲「藍箭號」動車組

試驗線試跑，最高運行時速達到 305 公里。同年 11 月，「藍箭」在廣深鐵路進行試驗，正線試驗最高時速達到了 236 公里。2000 年 12 月 28 日，完成一系列試驗後，「藍箭」開始為期一周的載客試運行。2001 年 1 月 8 日，正式投入廣深鐵路商業運營。直至 2007 年 6 月 30 日為止，每天往返於廣州東站和深圳站之間。

「藍箭」由「動車 +5 輛拖車 + 動車」固定編組，拖車均為軟座車，分 VIP 豪華空調軟座車和一等空調軟座車兩個車種。車內寬敞明亮，採用玻璃隔斷，並採用了自動拉門。座椅為豪華可傾式座椅，設有 6 人豪華空調包間，包間內採用折疊式茶桌、板式行李架。還設有簡易廚房、垃圾箱、衛生間及廣告櫥窗等設施。

鑒於「藍箭」的卓越表現，廣州中車軌道公司以 5 億元人民幣訂購的 8 列「藍箭」動車組列車，再以融資租賃方式租給廣州鐵路集團公司，租期 5 年。至 2001 年末，8 列「藍箭」全部製造完成。

由「藍箭」組成的「新時速」列車，豪華設施驚豔四方。然而，與在同一條線上運營的瑞典 X2000 型高速「擺式列車」相比，「藍箭」卻反映出穩定性不高等問題。特別是剛剛投入運營的前兩年，多次出現故障。經過廣深鐵路公司與生產廠家共同努力，不斷整修完善，經過兩年時間的磨合，「藍箭」的故障率大幅下降。10 萬公里故障率由運營初期的 7.33 件，降至 2003 年的 0.15 件。

自 2007 年 7 月 1 日起，有 3 列「藍箭」改為在京廣鐵路擔當韶關至坪石之間的特快列車，直至 2008 年春運前停止。2008 年 2 月 18 日，7 列「藍箭」到達重慶，開始擔當成都至重慶的城際特快列車，經由達成鐵路和遂渝鐵路

▲「擺式列車」運行在廣深鐵路上 （朱進軍提供）

運行。

　　查閱這個時期的重慶報紙，發現「藍箭」當年在成渝鐵路的表現確實欠佳，經常停擺、途中甩客，批評聲不斷。繼 2008 年 3 月 17 日發生故障之後，4 月 11 日，由重慶發往成都的 T882 次「藍箭」再次發生故障，在遂寧火車站停靠 1 小時 20 分鐘後，400 餘名滯留乘客轉移至另一列緊急增援的「藍箭」運達成都，整車晚點四個多小時。兩次故障原因都是車頭的機械故障所致。

　　2009 年 10 月 20 日，「藍箭」改為擔當達州至成都間每日 3 對的城際特快列車。2010 年 4 月 20 日，「藍箭」動車組離開成都鐵路局重慶段，轉入貴陽段在黔桂線試運行。當時黔桂線運行時速為 100 公里，因受現有機車、車輛條件限制，實際運行速度為 90 公里左右，

貴陽至都勻運行時間在兩小時左右。貴陽工務段對線路進行了設備技術改造和養護。「藍箭」試運行時速為 120 公里，逐步提高到時速 140 公里。從而將貴陽至都勻運行時間降低到 1 小時左右。

2012 年 11 月 21 日，貴陽至六盤水城際列車更換為 S25K 型空調車運行。自此，「藍箭」在成都鐵路局退役。

「中原之星」的磨難

「中原之星」與「中華之星」是兄弟倆，前者比後者大一歲。相同的時代背景，相同的技術條件，不同的是前者是動力分散型，後者是動力集中型。

1999 年 10 月 14 日，株洲電力機車廠、四方機車車輛廠和株洲機車研究所在株洲正式簽訂了聯合開發動力分散型交流傳動電動車組的協議和合作開發計劃。機車生產廠家、科研院所和鐵路局三家聯手，決心攻克交流傳動核心技術，開發新一代交流傳動電動車組。

2000 年 7 月 4 日，株洲廠、四方廠、株洲所和鄭州鐵路局共同簽署了聯合研製協議。這是一次「強強聯合，優勢互補」的合作嘗試，是以市場為導向，用戶直接參與開發研製鐵路交通運輸新產品的第一例。

如果說，「先鋒號」的交流傳動技術是借鑒了日本動力分散型技術，那麼這次新型動車組開發將立足於自主研發，力爭在核心技術上有所突破。

三個月後，動車組的總體設計全部完成。經鐵道部批准後，很快投入生產。「兩廠一所」都拿出了各自的「看家本領」，把消化吸收國外先進技術同多年積累的國產化成熟

技術結合起來，綜合創新，精心打造精品車。株洲所擔當着控制網絡設計和電動車組的核心——逆變、變流技術的研製任務，終於啃下了交流傳動技術這塊硬骨頭；負責攻克交流牽引電動機核心技術的株洲廠，從設計到生產製造，各環節嚴格卡控。試驗台上，與德國西門子公司的同類產品相比較，不僅電流、功率等參數達到設計要求與西門子電機水平不相上下，而且噪聲和軸承溫度都低於西門子電機的數據。

2001 年 9 月 21 日，首列新型動車組下線，命名為「中原之星」。「中原之星」的主傳動系統採用「交流—直流—交流」電傳動方式；控制系統採用微機網絡控制技術；輔助電路採用集中整流、分散逆變供電；採用新型無搖枕分散動力及非動力轉向架。「中原之星」擁有

▼ 2001 年 11 月 18 日，鄭州至武昌「中原之星」動車組開行 （張鐵柱攝）

故障自動診斷、定速、坡道自動識別系統；總功率 3200 千瓦，可載客 548 人，設計時速 200 公里，最高運營時速 160 公里。

動車組由兩個完全相同的動力單元組成，即 3 動 3 拖，包括兩節軟座和四節硬座車廂，車廂使用了高靠背航空座椅，椅後均裝有可抽拉茶桌，車廂兩端安裝了全數字化的電子信息顯示屏。各車廂設有列車吧台、新型方便的行李存放間和功能齊全的盥洗間等。當天的試驗十分順利，時速跑到了 170 公里。

半個月後，「中原之星」由鄭州開往許昌小商橋進行了首次實際線路條件下的試車。可是，剛運行不久便出現了問題，折騰了半天，才重新上路，不久就又走不動了。第一次試車提前結束，車被拖回。接下來的試車中，也是時好時壞。

同年 11 月 18 日，「中原之星」正式投入京廣線運營。運行區間為鄭州至武昌，其流線型的「子彈頭」外形成為京廣線上的一道亮麗「風景線」。那天，「中原之星」很給力，一路十分順暢。幾十位國內外媒體記者隨車採訪，好評聲不斷。次日，《人民日報》（海外版）在頭版頭條刊發「中原之星」從鄭州站發車的照片，向世界展示中國高速列車的英姿。

然而，好景不長。在接下來的運營中，「中原之星」故障頻發，經常「趴窩」，將旅客甩在半道上。隔不了幾天，就會出現旅客對「中原之星」的抱怨和投訴。

一位曾在鄭州鐵路局車輛段工作過的老員工回憶道：「『中原之星』經常壞在半道上，很重要的原因是關鍵部位的材質不過關。每次『中原之星』進庫檢修，都可以從軸箱

裏掏出一捧鐵屑。」

「中原之星」運行半年後，因質量欠佳、維修成本過高，而被迫停用。

「中華之星」夢想

曾參與當年國產動車組設計的老專家說，在國產動車組家族中，平穩性最好的是「藍箭」。後來名聲大振的「中華之星」動車組，正是在「藍箭」的基礎上發展起來的。

繼「先鋒號」「藍箭」之後，鐵道部提出了「從設計 200 公里時速的高速列車向 270 公里時速的高速列車邁進」的發展思路。2000 年初，鐵道部向國家計委上交了《270 公里高速列車的產業化》項目報告，國家計委批准了這個報告，列入國家高新技術產業化發展計劃項目。鐵道部聯合南北車集團公司、株洲電力機車廠、大同機車廠、長春客車廠等單位共同打造中國高速列車，並將具有完全自主知識產權的高速列車命名為「中華之星」。

2001 年 4 月，鐵道部正式下達《270 公里時速高速列車設計任務書》。「中華之星」高速列車項目正式上馬，確定以「產業化」為發展目標，多方投資，風險與利益共擔。項目總投資為 1.3 億元人民幣，其中國家撥款 4000 萬元，鐵道部投資 4000 萬元，企業自籌 5000 萬元。

「中華之星」為動力集中型，由兩台電力機車推拉，總功率 9600 千瓦，編組 11 節，設計時速 270 公里，預計用兩年左右時間，達到年產 15 列的能力。中國工程院院士、株洲電力機車廠高速研究所所長劉友梅被任命為該項目的總設計師。

「中華之星」作為中國鐵路的重大項目，能夠參加這個項目，研發組的成員都感到這是一種難得的榮耀。中國機車製造行業的四

▲「中華之星」動車組行駛在秦瀋線 （周德民攝）

大骨幹企業、鐵路系統四大科研院所和軌道技術最強的兩所高等院校——西南交通大學、中南大學，都參加了「中華之星」的研製工作。涉及設計開發的人員多達幾百人，被稱為「442」工程。很快，「中華之星」通過了技術設計審查，開始進入試製階段。

2002年9月，「中華之星」動車組下線後，在西南交大牽引動力國家重點實驗室通過了時速400公里的動力學試驗，接着又先後轉到北京環形鐵道試驗線、秦瀋客運專線進行試驗和列車編組調試。

同年11月27日，「中華之星」在秦瀋客運專線衝刺試驗，最高時速達到321.5公里。中國獨立設計、擁有完全知識產權的高速列車至此誕生，並成為當時媒體報道的熱點。

中國創造的高速度，引起了日本的恐慌。日本媒體擔心，一旦中國鐵路熟練地掌握了時速200公里的技術，勢必成為強勁的對手。

也許是應驗了「樂極生悲」這句老話，「中華之星」在衝刺試驗並創造了「中國第一速」的第二天，一場「災難」悄然而至。

2002年11月28日，包括部長傅志寰在內的鐵道部四位領導興致勃勃地來到秦瀋客運專線，準備登乘「中華之星」，體驗中國第一速。在此之前，總設計師劉友梅按慣例對「中華之星」進行了熱備，即試跑。當時速達到285公里時，突然，轉向架故障診斷系統出現報警，顯示軸承溫度達109℃。軸溫超標，屬於一級報警。經停車檢查，發現是B動力車一根車軸的托架軸承座溫度過高。

劉友梅向傅志寰報告了實際情況，請示是否還按計劃繼續試跑。傅志寰當即表示，既然發現問題，還是等解決問題後再說。於是，幾位部領導改乘「先鋒號」動車組。「先鋒號」試跑很順利，時速達到了270公里。

事後查明，「中華之星」軸溫升高，是一個進口軸承損壞所致。很快，有關「『中華之星』差點要了四位部長的命」的説法不脛而走。

2016年初，傅志寰回憶道：「這個意外的熱軸故障，給『中華之

星』帶來許多爭議。反對者説，這次事件説明國產動車組質量之差、危險之大。總設計師劉友梅感到很委屈。他認為，及時準確地檢測到了故障，這恰恰説明『中華之星』的安全診斷保障系統是很有效的，是安全的。」

此後，「中華之星」一直在試驗運行之中，試驗運行總里程超過 53 萬公里。當時試驗運行是不載人的，而是按人體等重放沙袋。「中華之星」試驗運行創造了當時中國鐵路新型機車車輛試驗運行考核里程最長、運行考核速度最高的紀錄，遠遠超出普通列車的 10 萬公里要求。

2003 年 7 月 1 日，秦皇島至瀋陽的秦瀋客運專線正式開通，「中華之星」並沒有如期進入正式載客試運營。

2006 年 8 月 2 日，「中華之星」在試驗運行了 80 萬公里後，被封存在瀋陽機務段，徹底從中國鐵路運行圖中消失。現收藏於中國鐵道博物館。

若干年後，傅志寰回憶道：「那時天上飛的是諸如『空客』『波音』等外國飛機，地上跑的是『桑塔納』『別克』等洋品牌汽車，而令鐵路人引以為榮的是，在中國數萬公里的鐵道線上，奔馳的是中國原創的『中華牌』機車和車輛。」傅志寰認為，「中華之星」曾寄託着中國高鐵最早的民族夢想。

據劉友梅回憶：「我們那個時候也引進學習國外的技術，但是不照樣畫葫蘆，從機械零部件設計、電子線路設計、參數、圖紙都是自己的原創設計。」據鐵道科學研究院專家介紹：「『中華之星』90% 以上的技術都是自主研發創新的，擁有完全自主知識產權。」

為了研製中國自己的高速列車，中國鐵路科研部門曾經選擇了兩條腿走路的方針。在當時，日本新幹線採用的是

動力分散技術，而歐洲國家都是動力集中技術。作為高鐵的後來者，「中華之星」選擇學習法國高速列車動力模式，這在當時屬於高度機密。在此期間，中國一些專家通過各種渠道與法國、德國等方面的專家溝通，介紹中國鐵路運輸的實際情況，了解國外先進技術的進展，希望得到國外企業的協助，積極推進動力分散型動車組技術的研究。

由於歷史的局限性，「中華之星」最終還是夭折了。儘管只是曇花一現，但對於國產動車組的發展來說，是一個應該經歷的過程。不可否認，以「中華之星」為代表的國產動車組研發隊伍集中了國內優秀科研力量，在轉向架設計、鋁合金車體的採用、空氣動力學試驗、牽引與制動及列車網絡系統等方面，都取得了開創性的科技成果。

當我們今天理性地看待「中華之星」時，不難發現，它對於中國高速列車發展的意義在於：一是積累了經驗和技術。當時「中華之星」的穩定性已經很高，而且跑出了較高的速度，具備了一定的成熟技術。二是鍛煉了隊伍、培養了人才。當年參與研製「中華之星」的技術人員，後來都成為研製「和諧號」的重要技術骨幹。三是加重了國際市場的談判砝碼。否則，高鐵技術的引進消化吸收再創新的代價會更高，過程也不會那麼快，效果也不會那麼好。

2007 年 4 月 18 日，伴隨着中國鐵路第六次大提速的號角，時速 200 公里的「和諧號」動車組開啟了中國的「追風時代」。它完全改變了人們頭腦中的傳統火車頭印象，以銀白為底色，車體簡潔流暢，像一枚枚超長的子彈，在時空中劃出一道道美麗的身影，展示出中國高速列車獨特的氣質。

「和諧號」動車組屬於中國第二代高速列車。在引進消化吸收再創新世界先進成果的基礎上，實現了中國高速列車的創新發展。鐵道部將引進國外技術、聯合設計生產的高速列車，命名為「和諧號」，代號「CRH 型」。

CRH 是 China Railway High-speed（中國高速鐵路）的縮寫。「和諧號」動車組主要有六個系列，分別是 CRH1型、CRH2 型、CRH3 型、CRH5 型、CRH6 型和 CRH380型，每個系列下又分別用 ABCDE 英文字母排列，引出多個型號。

「三國爭雄」中國市場

2004 年 4 月 9 日，是一個注定要載入中國高速鐵路發展史冊的日子。

這一天，國務院召開常務會議，專題研究鐵路機車車輛裝備有關問題。會議上明確提出了「引進先進技術、聯合設計生產、打造中國品牌」的基本方針，決定以高速列車為突破口，採取「引進少量原裝、國內散件組裝和國內生產」的中國高速列車項目運作模式。從時速 200 公里開始起步，通過引進消化吸收再創新，實現自主研發，發展時速 300 公里及 300 公里以上高速列車。

鐵道部在認真研究論證和反覆比選的基礎上，制定了具

▲ 上海虹橋站京滬高鐵列車川流不息 （原瑞倫攝）

體實施方案：鎖定國際上最先進、最成熟、最可靠的技術，由鐵道部為主導，以國內企業為主體，以掌握核心技術為目標，利用中國鐵路巨大的市場，聯合國內科研、設計、製造企業，以低成本引進先進技術，進行消化吸收再創新，實現本土化生產，用 3 至 5 年的時間，打造中國品牌的鐵路先進技術裝備。

從一定意義上講，高速列車的研製生產反映了一個國家的科技實力。當時，國際上高速列車技術的領先國有三個：法國、德國、日本，分別形成了以法國阿爾斯通、德國西門子和日本川崎重工為代表的三國高速列車技術體系。

法、德、日三國的高速輪軌技術十分成熟，技術方式各有千秋，工程造價、運營費用也都不相上下。具體比較來說，法國 TGV 技術比較先進，市場份額最大，覆蓋九個國家和地區，在時速 270 公里的高速列車市場佔有 85% 的份額；排在第二的德國，ICE 技術傳動部分

比較先進；日本新幹線的運營經驗和管理則比較成熟，但日本出口最少，僅在 2000 年向台灣出口高速列車，這是日本唯一的海外輸出。

當時，以「中華之星」為代表的國產高速動車組，還處於試驗階段，其技術遠遠地落後於這三個國家，先進動車組的核心技術還是空白。專家認為，實現技術引進與國產化相結合，是改變中國高速列車落後狀況的明智之舉。

平心而論，在高速列車核心技術方面，法、德、日三國幾乎不相上下，在中國市場最終取勝的決定因素只有兩點：價格與技術轉讓。從中國高速鐵路長遠發展來看，最為關鍵的是技術轉讓，誰更有效地轉讓核心技術，誰就將更多地獲得中國市場份額。

法國阿爾斯通公司表示，整體引進或者分項引進，都可以由中國決定。該公司在漸進式技術轉讓方面經驗豐富，先後成功地向西班牙、英國、韓國實施高速鐵路項目所需要的技術、製造和管理轉讓，並為合作夥伴建立工廠、培訓人員提供技術支持。

2004 年 6 月 17 日，鐵道部的《人民鐵道》報和中國採購與招標網同時發佈招標公告：鐵道部擬採購時速 200 公里的鐵路電動車組，共計 10 包 200 列。其中，10 列整車購買，20 列散件進口，170 列國內總裝、國內製造。公告明確招標公司和投標人資格，投標主體是國內企業，但它必須取得國外先進技術的支持。

這次招標，由鐵道部統一組織對外談判，統一向企業下訂單。中國鐵路市場是一個整體，任何一列車、任何一個配件，都不能分割。全國 35 家機車車輛廠和各鐵路局是一家人，以此有效地避免企業間相互抬價的惡性競爭。這意

味着，將談判砝碼由單獨的指頭變成了一個攥緊的「拳頭」。面對這個「拳頭」，任何一個國際巨頭要擠進中國市場，都要做到「三個必須」，即必須轉讓關鍵技術，必須價格優惠，必須使用中國的品牌。

國外跨國公司都是「百年老店」，實力雄厚。顯然，中國高鐵的龐大市場令跨國企業衷心嚮往。一旦拿到中國訂單，不僅是銷售動車組，而且只要技術躋身中國市場，此後就可源源不斷地將零部件訂單收入囊中。西門子、阿爾斯通、川崎重工三大公司，再加上加拿大龐巴迪公司，這些世界高鐵技術巨頭面對中國這塊巨大的「高鐵蛋糕」，摩拳擦掌，躍躍欲試。日本尤其重視，特地組成「日本企業聯合體」抱團應戰。

儘管加拿大沒有高鐵，但總部位於加拿大魁北克省蒙特利爾的龐巴迪公司，則是世界領先的創新交通運輸解決方案供應商，生產範圍覆蓋支線飛機、公務噴氣飛機以及鐵路和軌道交通運輸設備等，擁有着先進的高速列車製造技術。

談判桌下，長春軌道客車公司首選西門子，四方機車車輛公司首選日本企業聯合體，龐巴迪早在 1990 年就與四方公司成立了合資公司，所以它並不為投標資格而擔心。唯一發愁的就是阿爾斯通，腳踏兩隻船，一邊與四方公司談，一邊又與長春公司談。

談判桌前，就座者心態各異。行事謙恭的日本人頻頻點頭，性情浪漫的法國人臉上始終掛着微笑，表情深沉的加拿大人不動聲色，唯有來自哲學家故鄉的德國人一直保持着「哲學式」的清高。在他們看來，一流的德國高鐵技術是中方非買不可的。

最後招標的結果是，幾個跨國公司分別與中國企業合作，分享了中國高速列車市場蛋糕。「以市場換技術」，聯合生產的每一個型號的國產化動車組，背後都有一個國外原型車作為模版。其特色是：引進消化，為我所用，打造中國品牌。最終形成了中國第二代高速列車「和諧號」系列產品。

方臉「大地鐵」

「CRH1 型」系列動車組的車頭，是一個四方臉，其車體外觀酷似地鐵列車。中國火車迷們普遍將 CRH1 型動車組稱之為「地鐵」，或叫方臉「大地鐵」。

CRH1 型的原型車為加拿大龐巴迪公司為瑞典國家鐵路提供的 Regina C2008 型動車組，以兩節或三節短編組運行。目前，CRH1 型動車組主要用於城際鐵路，擔當滬寧線、滬杭線、廣珠線的城際列車，其發車密度大約只有 15 分鐘左右，猶如城市軌道交通線路。

2004 年 6 月，在鐵道部時速 200 公里級別的第一輪高速動車組技術引進招標中，中外合資企業青島四方龐巴迪鐵路運輸設備有限公司（BSP）為中標廠商之一，獲得了 20 列的訂單。2005 年 5 月 30 日，廣深鐵路股份有限公司決定以 25.83 億元人民幣的價格，向 BST 公司另外訂購 20 列時速 200 公里級別動車組，以滿足廣深鐵路第四線於 2008 年開通之後的運營需求。BSP 的這 40 列時速 200 公里級別動車組，最終被定型為「CRH1A 型」。

CRH1A 型動車組採用「交流—直流—交流」電傳動及動力分散方式，持續運營時速為 200 公里，最大運營時速為 250 公里。實際運用中，CRH1A 型動車組最大運營速度受動車組微機控制系統軟件鎖定（軟件限速），初期最高運營時速限定為 205 公里，到後期大部分均放寬至時速 220 公里。全列 5 動 3 拖編組，牽引總功率 5300 千瓦，車體為不鏽鋼焊接結構。

CRH1A 動車組全部由 BSP 公司在四方公司組裝生產。2006 年 8 月 30 日，第一組列車在四方公司出廠，並先後送

▲ CRH1 型「和諧號」動車組在廣州東站整裝待發 （劉愛平攝）

▲ CRH1A 型動車組 （羅春曉攝）

▲ 第一列時速 250 公里的動車組綜合試驗車飛馳在泰山腳下 （原瑞倫攝）

到北京環形鐵道試驗線、遂渝鐵路、京滬鐵路、膠濟鐵路、隴海鐵路和廣深鐵路等地進行試驗。從 2007 年 2 月 1 日起，CRH1A 型動車組正式在廣深線投入載客試運行，首發車次為 T971 次，由廣州東站出發前往深圳站。

2007 年 10 月 31 日，BSP 公司再獲得鐵道部 40 列 16 節編組動車組的新訂單。其中 20 列是在 CRH1A 型基礎上擴編至 16 節車廂的大編組座車高速列車，定型為「CRH1B 型」。2009 年 3 月 5 日，第一列 CRH1B 型動車組完成了 BSP 公司內部的環形線測試。而後，通過了北京環形鐵道試驗線的檢測。2010 年 4 月，整批 20 列 CRH1B 型動車組交

付運營。2011 年，「7.23」溫州動車追尾事故，D3115 次的車底就是這種型號動車組。

2010 年 9 月，第二批 CRH1A 型動車組開始交付。這款車在第一批車的基礎上做了少量改進，因取消了限速軟件，列車最大運營時速可達到 250 公里；部分列車設備重新佈置，最明顯的差異是，四號和五號車廂的座席採用一等包廂座席和二等座混合佈置。

這次合同中另外的 20 列動車組，則是以龐巴迪新研發的 ZEFIRO 250 系列為基礎。所使用的龐巴迪 MITRAC 牽引系統，由龐巴迪 CPC 牽引系統公司（龐巴迪在常州設立的中外合資公司）和龐巴迪在歐洲的工廠生產。這 20 列是在 CRH1A 型基礎上擴編至 16 節車廂的大編組臥鋪高速列車，定型為「CRH1E

型」。編組中包括 10 節動車和 6 節拖車，全列定員增加至
642 人。這是世界上首款時速 250 公里的高速臥鋪動車組。

2009 年 10 月，首列 CRH1E 型動車組出廠，配屬上海
鐵路局。同年 11 月 4 日，CRH1E 型動車組開始上線運營，
擔當來往北京、上海的 D313/314 次旅客列車。

2015 年 8 月，新一代臥鋪動車組下線。新一代臥鋪
動車組依然採用原有 CRH1E 型和 CRH2E 型編號，分別
由 BSP 公司和四方公司生產。兩種新一代臥鋪動車組均為
16 節編組，均具備時速 250 公里的運行條件。在外觀上，
新 CRH1E 型採用了與新 CRH1A 型動車組相同的頭型，並
採用鋁合金車體。新 CRH2E 型動車組則採用了與 CRH2G
型高寒動車組相似的頭型，只是在頭型細節和塗裝上有所
改變。

川崎重工的選擇

CRH2 型動車組，是日本川崎重工與四方機車車輛公司
合作而為。川崎重工經過內部激烈爭論後，權衡利弊，不顧
日車、日立及東日本旅客鐵路公司的反對，決定向中國出售
高速動車組並轉讓技術。這既是一種膽識，也是自身生存的
需要。CRH2 型動車組核心技術轉讓，為中國高速列車國產
化奠定了基礎。

2004 年 8 月，日本鐵路工程公司、三菱商事、三菱電
機、日立製作所、伊藤忠商事、丸紅六家企業組成「日本企
業聯合體」，與四方公司聯合投標並成功中標。2004 年 10
月 20 日，日本鐵路工程公司代表「日本企業聯合體」與中
國鐵道部在北京簽訂出口鐵路車輛、轉讓技術的合同，總價

▲ CRH2A 型動車組 （羅春曉攝）

值 91 億元人民幣，訂單中首批 60 列動車組。編組方式是 4 節動車配 4 節拖車，時速 200 公里級別，最高營運時速為 250 公里，用於經過改造的既有路線上。這類動車組隨後被正式定型為「CRH2A 型」。

　　按照鐵道部的訂購合同，獲得訂單的國外公司需把若干關鍵技術轉讓給中國企業。在招標過程中，中方最初想與擁有最新 700 系及 800 系技術的日本車輛製造公司（日車）及日立製作所合作，但日車、日立均拒絕向中國技術轉讓。而日本川崎重工從一開始就表現積極，牽頭組織「日本企業聯合體」，並願意向中方技術轉讓。

　　川崎重工為何同意轉讓技術？細究其原因，一是川崎重工自身的生存壓力。日本國內的鐵路需求已經飽和，只有向海外發展。加之經營狀況不太理想，處於瀕臨破產的境地。川崎重工認為，高速鐵路技術已不是一般性國家能夠承受，中國除了高鐵外，還有地鐵、城市交

通系統都需要日本技術，川崎重工的生存需要中國這個大市場。二是中國方面的壓力。中方要求日方如果想簽協議，就必須轉讓技術。而且提醒日方，如果不同意條件，中方會選擇西門子或者龐巴迪的技術。

CRH2A 型動車組基本上與日本的原型車 E2 系相同。以日本新幹線的 E2 系 1000 型為基礎，使用與 E2 系相同的牽引電動機，並按照中國國情及鐵路標準而做出適當的改動。包括安裝兩副採用德國斯特曼公司技術的 DSA250 型受電弓，以適應高變化的沿線接觸網。在駕駛拖車頂部均裝有多種信號天線，這也是日本本土的同型車所沒有的。設有一等座車、二等座車和二等座車 / 餐車，其中一等座及二等座座椅均可旋轉。CRH2A 型動車組可兩組重聯運行。這是繼台灣高鐵的 700T 型後，日本出口的第二款新幹線列車。

根據合同約定，60 列動車組中有 3 列在日本完成，通過輪船完整地運往中國。另有 6 列以散件形式付運，由中方負責組裝；其餘 51 列將通過日本技術轉讓，由四方公司在國內生產。但一些高技術部件，包括 IGBT VVVF 牽引逆變器等，在國產化以前，仍然使用日本原裝產品。2006 年 3 月 8 日，首列 CRH2A 型動車組運抵青島。到 2007 年 11 月底，首批 60 列 CRH2A 動車組全數交付。2006 年 7 月 31 日，由四方公司生產的首列國產 CRH2A 型動車組完工交驗，並開始批量生產。

2005 年 6 月至 9 月，鐵道部展開了時速 300 公里以上級別的第二輪高速動車組招標。這次招標形式與第一輪時速 200 公里級別動車組招標明顯不同，當時中國大陸剛剛發生了廣泛的反日示威活動，為避免引起反日情緒，鐵道部和其代理中技國際招標公司並未發佈招標公告，而是採用

了「競爭性談判」方式。結果繼德國西門子及唐山軌道客車聯合中標後，四方公司和「日本企業聯合體」再次聯合成功中標，並獲得 60 列 CRH2C 型動車組的訂單，其中包括 CRH2C 型動車組第一階段和 CRH2C 型動車組第二階段，合同金額總值 95 億元人民幣。

第二批 CRH2 型動車組，是以 CRH2A 型為基礎進行修改的。包括動車數量增至 6 節，使用 DSA350 型高速受電弓，以及在電弓兩旁加裝擋板等。列車速度級別屬 C 型，標稱時速 300 公里，最高營運時速為 350 公里，用於新建的高速客運專線。

CRH2 型動車組首批數量為 60 列，乃 CRH 型車系中數量最多的。其中 3 列在日本完成，並完整地運往中國。另有 6 列以散件形式付運，由中方負責組裝。其餘 51 列將通過日本技術轉讓，由四方公司建造。一些高技術部件，包括 IGBT VVVF 牽引逆變器等，在國產化以前，仍使用日本原裝產品。2006 年 3 月 8 日，首列 CRH2 型動車組運抵中國。

2007 年 1 月 28 日，CRH2 型動車組正式在滬杭線、滬寧線投入運營。營運最高時速被限制在 160 公里之內。同年 4 月 18 日，中國鐵路實施第六次大提速後，最高運營時速提高至 250 公里。在首批時速 200 公里級別的動車組中，CRH2A 型是最先全部下線的車款。2007 年 11 月底，60 列 CRH2A 型動車組全數交付。CRH2A 型動車組榮獲 2007 年度全國鐵路科學技術獎一等獎。

CRH2B 型動車組是在 CRH2A 型基礎上擴編至 16 節，車體外觀不變，加裝了半主動減振器、車端耦合減振、頭車兩側車燈，改進了空調的通風系統。牽引功率為 9600 千瓦，最高運營時速為 200~250 公里，標稱時速 200 公里。定員增加至 1230 人，並在車廂內加裝了電視屏幕影視系統。因擴編後無需重聯運行，CRH2B 型動車組取消了重聯控制系統。2008 年 6 月 29 日，首列 CRH2B 型動車組下線。同年 8 月 1 日起，正式投入合寧鐵路運營。

除 CRH2A 型、CRH2B 型和 CRH2C 型動車組外，四方公司又設計出 16 節長大編組的 CRH2E 型臥鋪動車組，標稱時速 200 公里，最高營運時速為 250 公里。

2007 年 12 月 22 日，首組時速 300 公里的 CRH2C 型動車組出廠。2008 年 1 月，開往北京環形鐵道試驗線進行運行測試。直至同年 2 月，總共有 10 列 CRH2C 型動車組出廠，全數交付京津城際運營。

株洲南車時代公司受讓日本三菱電機提供的 MT205 型牽引電動機及 ATM9 型牽引變壓器技術，於 2005 年年底，開始試生產牽引電動機和牽引變壓器。2007 年 8 月 20 日，通過鐵道部考核驗收。在首批 60 列 CRH2 型動車組中，株洲南車時代公司為其中 17 列動車組提供 272 台牽引電動機和 36 台牽引變壓器。另有一些電動機，則由日立或山西永濟電機廠提供，型號為 YJ92A 型。

與此同時，株洲南車時代公司還接受了 IGBT 牽引逆變器等電氣系統技術，其中牽引逆變器的國產化工作，由株洲所及三菱合資的株洲時菱交通設備公司負責。四方公司向株洲南車時代採購供 CRH2 使用的牽引逆變器、輔助牽引變流器、通風系統及列車信息系統。

2008 年 4 月 24 日，CRH2C 型 2061 號動車組在京津城際線上進行高速測試，最高時速接近 370 公里，打破了「中華之星」創造的時速 321.5 公里的紀錄。同年 6 月底，該紀錄被 CRH3 型動車組創造的時速 394.3 公里所打破。

CRH2G 型為高寒動車組，採用 8 節編組，時速 250 公里。車頭的設計靈感取自「駿馬」，造型剛柔並濟，極具力量感與速度感。高速運行時，猶如奔馳的駿馬。動車組研製攻克了耐高寒、抗風沙、耐高溫、適應高海拔、防紫外線老

化五大技術難題，適應高寒、風沙、高海拔等惡劣運營環境。能在高達 3600 米的高海拔地區和零下 40℃ 到零上 40℃ 的極端氣候環境下正常運營，是中國高速列車領域的又一重大技術創新成果。

2015 年 12 月 10 日，CRH2G 型高寒抗風沙動車組首次亮相蘭新高鐵。其出色的車體創新設計，從全球 18 個國家、6000 多件作品中脫穎而出，摘得 2015 年中國創新設計紅星獎金獎。「紅星獎」是中國工業設計領域的最高獎項，也是中國唯一一個具有國際影響力的設計獎，享有中國設計界的「奧斯卡」之譽。

西門子敗走麥城

CRH3 型動車組的技術引進故事，成就了哈佛大學營銷學中「西門子敗走麥城」的經典案例。

CRH3 型動車組是國產第二代動車組的鼻祖，其原型車是德國西門子「維拉羅 E」（Velaro E）動車組。它是以德國鐵路股份公司（DBAG）的 ICE3 為原型車開發研製的，最高運行時速達到 350 公里。2007 年投入運用，曾用於西班牙新建的馬德里—巴塞羅那高速鐵路。由於「ICE」是德國國鐵的註冊商標，所以西門子公司為西班牙提供的動車組定名為「Velaro E」。這是西門子公司擁有自主知識產權的品牌。通過艱難地談判，終於以技術轉讓的方式，由唐山軌道客車實現國產化生產。

有關西門子的故事，要從 2004 年那個北京的夏天說起。

西門子公司的「維拉羅 E」時速 350 公里動車組，是當今世界鐵路商業運營中速度最高、動力最大的一種成熟高速列車。因此在招標過程中，德方一直堅信，西門子以 ICE3 為基礎研發的 Velaro E 高速列車技術平台才是中方最中意的引進目標。事實上，當時鐵道部真正心儀的是西門子技術，希望與德國合作，高起點地推進中國高速列車

的研製工作。

由此，在談判桌上，西門子公司談判代表表現出一股子捨我其誰的勁頭，在原型車價格以及技術轉讓價格方面要價很高。在初期談判中，德方就向中方開出了天價的報單。即每列原型車的價格 3.5 億元人民幣，而技術轉讓費高達 3.9 億歐元，相當於 39 億元人民幣。此外，他們還在技術轉讓方面設置了諸多障礙，對標書不響應之處多達 50 多項。

2004 年 7 月 27 日深夜，即開標的前夜，中德雙方依然沒有達成協議。夜已經很深了，中方代表與西門子公司的代表仍在談判桌前斡旋，表示對德國技術非常欣賞和尊重，很希望與西門子成為合作夥伴。

遺憾的是，對方的出價實在不像是夥伴，絲毫沒有退讓之意。最後，中方代表堅定地表示：每列車價格必須降到 2.5 億元人民幣以下，技術轉讓費必須降到 1.5 億歐元以下，否則免談。

德方首席代表連連搖頭：「不可能，不可能。」

中方代表強調說：「中國人一向是與人為善的，我不希望看到貴公司就此出局。何去何從，給你們 5 分鐘時間，出去商量吧。」

德方仍然沒有一點兒圓通的餘地。德方代表聳了聳肩，做了一個無可奈何的表情。他們很自信。

中方代表微笑着扔下一句話：「各位可以訂回國機票啦。」然後拂袖而去。

第二天早晨 7 時，距鐵道部開標還有兩個小時，長春客車公司宣佈，他們決定選擇法國阿爾斯通作為合作夥伴，「雙方在富有誠意和建設性的氣氛中達成協議」。大夢初醒的德國人呆若木雞。

早餐桌上，得意揚揚的法國人品着美味咖啡，對德國哥們兒幽默道：「回想當年的『滑鐵盧之戰』，今天可以說我們扯平了。」

　　「德國人從中國的旋轉門又轉出去了。」消息傳開，世界各大股市的西門子股票隨之狂瀉。放棄世界上最大、發展最快的中國高鐵市場，顯然是戰略性的錯誤。西門子有關主管執行官遞交了辭職報告，談判團隊被集體炒了魷魚。

　　次年，敗走麥城的西門子又回到中國。2005 年 6 月，鐵道部再次啟動時速 300 公里以上動車組的招標。西門子報出的價格竟比 3 年前的時速 250 公里列車還便宜，不僅原型車每列價格降到 2.5 億元人民幣，還以 8000 萬歐元價格轉讓了關鍵技術。最後，西門子完全接受中方的技術轉讓方案和價格方案，和唐山軌道客車有限公司進行合作。也就是說，西門子的技術得以引進，是因為西門子把技術轉讓費大幅度降低後才與中國達成協議。

　　2005 年 11 月，西門子獲得了為中國提供 60 列高速列車的巨額訂單，價值 63.1 億元人民幣。西門子將時速 300 公里以上的高速列車一般性組裝、車體、轉向架、牽引變壓器、牽引逆變器、牽引電機、牽引控制系統、列車網絡控制系統等 8 項技術，向中國有條件轉讓，或讓中國享用。這幾乎涵蓋了高速列車的各方面重要技術。

　　與德國人第一次出價相比，中方節省了 90 億元人民幣採購成本。同時，德方也獲得一份巨額訂單和廣闊的中國市場，這是一場雙贏的戰爭。有關專家分析認為，毫無疑問，考慮到整個鐵路網的兼容性以及西門子轉讓技術等多方面原因，西門子獲得中國高速列車訂單意味着還有許多延伸的利益。

　　中國引進的時速 300 公里以上的高速列車技術，最終被定型為「CRH3C 型」。

　　依據雙方簽訂的合同，西門子在德國本土製造首批 3 列 CRH3C 型動車組和一些重要部件，並向中方合作夥伴——唐山客車有限公

▲ CRH3C 型動車組 （羅春曉攝）

司、永濟電機廠和鐵道部研究院提供技術支持和技術轉讓，使中國具備相應的生產能力。唐山公司將承擔其餘 57 列動車組的生產，第一階段國產率是 30%，第二階段將提高到 50%，最終將達到 70%。並且全部列車均使用中國品牌（CRH）。

2007 年 12 月 12 日，第一組進口 CRH3 型動車組（原稱 CRH3A）在科勒非爾德舉行了隆重的交接儀式，並於當年 12 月底在德國不來梅港裝船付運，於 2008 年 1 月運抵中國天津。

由唐山公司製造的國產化 CRH3 型動車組，稱之為「CRH3C」，其結構與進口車完全相同。採用動力分散式，

每列 4 動 4 拖編組，最高運營時速達到 350 公里。除了帶酒吧的二等座車外，其他車廂所有座位均能旋轉。首尾的頭車設有司機室，可雙向駕駛，一等車和酒吧車在最中間，全列車定員 557 人。

2008 年 3 月 31 日，首列國產 CRH3C 型動車組正式出廠。同年 6 月 24 日，在京津城際鐵路的試驗中，CRH3C 型動車組僅用了 5 分鐘左右時間，就將時速提升至 300 公里，最後創下了時速 394.3 公里的最高紀錄。試驗過程中，動車組各系統運行正常，列車平穩舒適。這意味着「和諧號」性能、京津城際鐵路線橋質量、各系統間的配合達到世界一流高速鐵路標準。

同年 8 月 1 日，京津城際鐵路正式開通，CRH3C 型動車組同日上線投入運營。商用運營時速達 350 公里，是當時世界日常運營時速最快的輪軌高速鐵路。京津城際鐵路採用公交化城際列車和跨線列車混合開行的運輸組織模式，全程直達運行時間控制在 30 分鐘內，最小行車間隔 3 分鐘。2009 年 12 月 9 日，兩列 CRH3C 型動車組在武廣客運專線進行重聯運行試驗，最高時速達到了 394.2 公里，創下了兩車重聯情況下的世界高速鐵路最高運營速度。

唐山公司自引進西門子 CRH3 型動車組技術之日起，就開始積極與長春客車公司聯手，共同改進開發下一代 CRH380B 型動車組。這款聯合研發車型，最初被命名為「CRH3A」，其中「3」為平台代碼，而「A」是命名規則中時速 250 公里短編組動車組的字母代碼。兩廠各試製一組，即為後來編號 0302 和 0502 的兩組樣車。這款車的頭型也被不少人戲稱為「玩具車」或者「小蛇」。這樣做，一是可以和當時四方公司的川崎的 CRH2A 型技術平台競爭抗衡，二是可以替代引進後略顯水土不服的阿爾斯通的 CRH5A 型技術平台。

CRH3A 型動車組以自主創造的 CJ-1 城際列車動車組技術平台為基礎，借鑒了 CRH380BL 型、CRH380CL 型、CRH380B 型和 CRH5 型動車組的優點，研製開發的自主知識產權的時速 250 公里的城際動

▲ 2008 年 8 月 1 日，京津城際鐵路通車運營，首趟動車組從北京南站駛出 （于得慶攝）

▲ 京津城際鐵路動車組駛過北京永定門橋 （原瑞倫攝）

車組。2013 年 6 月 8 日，CRH3A 型動車組在長春客車公司亮相，其技術已全部國產化，被視作中國標準動車組 CR300 系列的風向標。

CRH3A 型動車組是基於中國國情和運行條件下的「中國創造」，具有較強的成本優勢和售後維護優勢。不僅核心部件和製造技術自主化，還能充分考慮到中國複雜的地理氣候條件和運營環境，根據各地區域特點「量身打造」。按不同運營線路的需求，分別以時速 160 公里、200 公里、250 公里三個速度等級運行，是目前國內唯一既適合時速 200~250 公里之間客運專線、又適合時速 160~250 公里之間城際鐵路運行的動車組。自此，中國形成了高速動車組和城際動車組全系列、譜系化、多樣化產品技術平台。

唐山公司抓住「新一代城際動車組」立項研發的機會，成立「城際動車組試驗平台」，繼續進行試驗研究，車輛的目標也變為「能滿足時速 160 公里、200 公里、250 公里不同速度等級」，並進行相關試驗。CRH3A 型正式更名為「CJ1 型」，CRH3G 型正式更名為「CJ2 型」。

2016 年 7 月 14 日，新型 CRH3A 型動車組獲得設計製造許可，開始組織批量生產。由此，基於 CJ 平台的 CJ1 型也終於「修成正果」，名正言順的恢復了 CRH3A 型的型號命名。同年 10 月，編號為 CRH3A 型 5218 號的新頭型動車組從長春開赴北京，正式公開亮相。這個新造型的明顯特點是，增加了車頭側窗的金黃色彩，因此被火車迷賦予外號「一抹金」。

2017 年 9 月，唐山公司在 CRH3A 型動車組的基礎上，改進生產了一列新的試驗樣車，採用了新頭型、內藏門等設計。為了區分原來長春公司、唐山公司聯合研發的兩組樣車，唐山公司獨立研製的新頭型動車組被命名為「CRH3G 型」。順便一提，這個頭型造型也引起了不小的熱議，被火車迷戲稱為「馬桶圈」。

毫無疑問，幾年來，長春公司和唐山公司一直在進行着技術交

流，意在更好、更充分地吸收引進技術，實現深度融合。通過消化與創新，形成了「中國標準」，走出了自己的新路子。

「抗凍」高寒車

2011 年新年伊始，在零下 20 多攝氏度的北國風雪中，CRH5 型動車組如一道閃電飛馳而過。列車行駛平穩，車內溫暖如春，給來往於長春和吉林之間的試乘體驗者留下了深刻印象。這是中國又一新款高寒動車組，成功地經歷了風雪和嚴寒的考驗。

▼ CRH5 型「和諧號」動車組運行在京哈線上 （羅春曉攝）

CRH5 型動車組是中國時速 200 公里級別的第一輪招標的中標產品。其特點是，能承受溫度範圍可達 ±40℃，適應於高寒地區高速鐵路運行，是當時國內唯一能夠從海南島南北貫穿直抵冰城哈爾濱的高速動車組。CRH5 型動車組採用雙層密封風擋，氣密性好，同時電熱器的佈置可以保證車內形成空氣對流狀態，以充分利用加熱功率。在車體的下部，裙板完全封閉，電器設備倉可免受大雪的侵擾。

CRH5 型動車組以法國阿爾斯通的 Pendolino 寬體擺式列車為基礎，取消了裝設擺式功能，車體則以芬蘭鐵路的 SM3 動車組為原型。

2004 年 8 月，阿爾斯通公司中標廠獲得了 60 組高速列車的訂單。同年 10 月 10 日，鐵道部和阿爾斯通正式簽訂總值 6.2 億歐元的合同。合同約定，阿爾斯通將 7 項高速列車的關鍵技術轉讓給中國，並有 3 組列車會在阿爾斯通位於意大利的工廠組裝，並完整付運予中國。另有 6 組以散件形式付運，由中方負責組裝。其餘 51 組通過技術轉讓，由長春客車公司在國內生產。這批高速列車正式定型為「CRH5A 型」。

CRH5A 動車組採用動力分散式，每列 5 動 3 拖編組，設計時速為 250 公里。列車可通過兩組聯掛方式增至 16 節。2007 年 1 月 28 日，首列 CRH5A 動車組從意大利 Savigliano 港抵達大連港口。

2007 年 4 月，第一組國產 CRH5A 型動車組在長春出廠。4 月 18 日起，正式運行於京哈線上。由於 CRH5 型動車組下線時間較晚，整體試運行時間不足，導致一些潛在問題沒能在試驗中解決，而且 CRH5 是 CRH 系列中唯一一款對原型車進行了大幅改動的動車組，調試難度較高。由此，在正式運營初期的故障率相對較高，如制動系統、空調系統以及列車自動門等故障。

2007 年 4 月 2 日，鐵道科學研究院與長春公司簽訂了以 CRH5 型為基礎的高速綜合檢測列車研製合同，開始組織高速綜合檢測列車的研製生產。2008 年 6 月 6 日，第一列基於 CRH5 型的檢測車出廠，

▲ CRH6A 型動車組 （羅春曉攝）

名為「0 號高速綜合檢測列車」，車身塗裝為黃色，與新幹線使用的「Doctor Yellow」類似，造價為 3 億元人民幣。同年 7 月 1 日，「0 號高速綜合檢測列車」開始在京津城際鐵路試運行。其檢測範圍包括軌道、輪軌力、接觸網、通信和信號系統等。

牽引電傳動系統和網絡控制系統是高速列車最核心的部件。牽引電傳動系統就是「高鐵芯」，就像人的心臟，是列車的動力之源，決定高鐵列車能否高性能高舒適地運行。網絡控制系統則是「高鐵腦」，決定和指揮着列車的一舉一動。能否實現這兩大核心技術的自主研發，是衡量高速列車製造企業是否具備核心創造能力的根本性指標。

為突破高速列車的核心技術，加大自主創新，鐵道部確立了「動車組關鍵技術自主創新深化研究項目」的重大課題。長春公司進行的 CRH5A 型動車組牽引電傳動系統和網絡控制系統，是自主創新課題的重要組成部分，旨在創造出有中國血統的、具有世界先進水平的牽引電傳動系統和網絡控制系統。

2014 年 4 月 3 日，裝有國產「高鐵芯」的高速列車牽引電傳動系統通過專家評審。同年 10 月 22 日，完全自主化的 CRH5 型動車組列車網絡控制系統也通過中國鐵路總公司組織的技術評審，獲准批量裝車，成為國內首個獲准批量裝車運行的高速列車網絡控制系統。同年 11 月 25 日，裝載中國創造「牽引電傳動系統和網絡控制系統」的 CRH5A 型動車組進入「5000 公里正線試驗」的最後階段。這標誌着中國高速列車核心技術正在實現自主化。

2014 年 7 月 1 日起，所有 CRH 系列動車組編號均做出了更改，統一編號為「CRH5A-5xxx」，該日之後生產的動車組均依照新規定之格式定編號，並將高寒型正式命名為「CRH5G 型」。

繼 CRH5 型動車組之後，四方公司又研發生產了 CRH6 型動車組，於 2012 年在青島下線。CRH6 型城際動車組是為滿足中國區域

經濟快速發展和城市群崛起對城際軌道交通的需求，而研製的一種新型動車組。具有運能大、起停速度快、乘降方便快速、疏通迅捷有效、乘坐舒適安全、節能環保等特點。CRH6 型城際動車組的上線運行，對於城際鐵路的推廣普及，形成中國軌道交通層次架構，改變國人出行方式，提高旅客周轉效率，都具有重大意義。

CRH6 型動車組採用 6 輛、8 輛、16 輛、20 輛編組。根據運輸距離、站點和乘客群的不同，這個系列動車組分為時速 200 公里、160 公里和 140 公里三種速度級，均為動力分散型，「交流—直流—交流」電傳動電動車組。通過採用輕量化車體、大軸重轉向架、變頻變壓牽引控制、電空複合制動等核心技術，很好地適應「大站停」及「站站停」等不同運營模式的需求。時速 200 公里的 CRH6A 型動車組最高運營時速 250 公里，試驗時速可達 270 公里，以「大站停」的模式運營。時速 160 公里的 CRH6F 型動車組最高運營時速 200 公里，試驗時速可達 220 公里，以「站站停」模式運營。

與同樣具有防寒功能的 CRH2 型動車組相比，CRH5 型動車組的動力系統更為強大，啟動牽引力更大，加速性能更好。如果路段達到要求，在一分鐘內就能將速度從靜止加速到 200 公里 / 小時，可與高性能的跑車相媲美。

經過多年運營的積累和考驗，CRH5 型動車組的各項技術已非常成熟，具有超強的環境適應性。無論是在夏季高溫高濕的漢宜鐵路，還是冬季低溫嚴寒的長吉客運專線，CRH5 型動車組均能適應各種環境要求。在北京—哈爾濱、北京—青島等重點線路上，CRH5 型動車組也是主力車型。據悉，CRH5 型動車組已經受到國內其他高寒地區和北歐、俄羅斯、加拿大等國家和地區的關注和青睞。

綜合論之，中國高速列車是以「引進吸收消化再創新」的方式誕生的，當初從歐洲、日本引進了 CRH1 型、CRH2 型、CRH3 型和 CRH5 型四種不同的技術平台，這些車型技術路徑不同，雖然「兼收並具」結合了中國的技術特點，但畢竟不是我們完全自主的產品。

由於這些技術平台的標準系統不統一，沒有做到標準化統型，不僅司機的操作台不一樣，連車廂裏的定員座位都不一樣，無法相互替代。一旦某節車廂出現故障，需要組織乘客換乘，臨時調來的車很可能要麼「掛不上」，要麼「缺座位」。因為車型標準不統一，每種車都需要有備用車停在車站應急，動車檢修的車間要把四種車的零部件全部配齊，高鐵司機也要把各種車型都學習一遍，逐一掌握特點才行。

由此，中國高速列車渴望實現從最初的「混血兒」到由內至外的「純中國」的根本轉變。

「復興號」動車組全稱為「復興號中國標準動車組」。它是國產第三代高速列車，也是中國高速列車製造的第四個技術平台。

經過多年的技術攻關，中國高速列車技術再創新實現全面突破，特別是牽引、制動、網絡控制系統等核心技術的全面自主化，為「復興號」中國標準動車組的誕生奠定了堅實基礎。

「復興號」CR400 系列動車組，建立在具有完全自主知識產權 CRH380 系列動車組的技術基礎上，試驗時速可達 400 公里及以上，與「和諧號」相比，其設計壽命更長、自動化程度更高、安全控制性更強。「復興號」正式投入運用，標誌着中國完全掌握了高速列車核心技術，對於加快中國高鐵「走出去」具有重要戰略意義。

儘管 CRH380 型動車組屬於「和諧號」系列，但兩者間有着根本區別，「和諧號」系列是引進的技術平台，而 CRH380 型技術平台則完全是自主開發的。正是因為如此，「復興號」才擁有了自己的核心技術和發展空間。

2017 年 9 月 21 日，京滬高鐵實施新的列車運行圖，時速 350 公里的「復興號」中國標準動車組正式上線運營，將北京與上海間的距離縮短至不到 4 個半小時。由此，中國高速列車的運營速度重新位居世界第一。

CRH380 型高速列車

2014 年 10 月 14 日，「2014 莫斯科國際創新發展論壇」在莫斯科舉行。

李克強總理應俄羅斯總理梅德韋傑夫的邀請，出席了這

一國際盛會。會議期間，兩國總理共同參觀了中國高鐵展台。此時，梅德韋傑夫想到了設計中的莫斯科至喀山高鐵，他指着 CRH380A 型高速列車模型問李克強：「中國的高速列車能否在高寒地區運行？」

李克強微笑而自信地回答道：「當然能行。」一旁的中國南車副總裁王軍告訴俄羅斯總理：「2011 年您參加博鼇亞洲論壇時，在中國海南島高鐵環線上就是坐的這款車。」

王軍向梅德韋傑夫總理介紹道，以中國京廣高鐵為例，北京和廣州溫差達 30~40 攝氏度，相對濕度差達 60%~90%。冬天，高速列車上午在北京「製熱」、下午到廣州「製冷」，一天經歷幾十攝氏度的溫差。中國高速列車備有特殊的隔熱保溫材料，圓滿地解決了這一難題。

梅德韋傑夫微笑地連連點頭。

讓我們把時間撥回到 2008 年 2 月 26 日，北京釣魚台國賓館。

這一天，科技部與鐵道部在這裏共同簽署了《中國高速列車自主創新聯合行動計劃合作協議》，簡稱「行動計劃」。這是科技部有史以來首次與一個行業共同構建國家級自主創新科技平台。

這個「行動計劃」的核心目標就是設計、製造和運營時速 380 公里的新一代高速列車，形成完全自主的中國高速列車技術、裝備、產業化能力和運營服務能力。這標誌着中國高速列車研製進入「全面創新」階段。

時速 380 公里的最高運營速度，將比德國、法國的高速列車快 60 公里，比日本新幹線高速列車快 80 公里，節能環保和綜合舒適性達到國際領先水平。

從創新過程來看，時速 380 公里新一代高速列車是先有頂層指標，通過正向設計把車做出來。因為原有引進平台的技術指標不足以支撐頂層要求，必須自主設計，僅僅做參數修改、變形，是不可能達到目標的。

▲ CRH380A 型動車組飛馳在京滬高鐵上 （羅春曉攝）

▲ CRH380A 型動車組商務座 （陳濤攝）

在「行動計劃」實施過程中，中國特有的「舉國體制」被發揮到了極致。科技部以「973」「863」和「科技支撐計劃」三大國家科技計劃項目的形式，下達了時速380公里新一代高速列車的科研任務。其中，「973」側重氣動力學基礎研究，「863」側重車輪材料和檢測技術研發，「科技支撐計劃」側重高速輪軌和列車研製。如此整合聯動全國優勢資源，這在鐵路行業歷史上前所未有。

四方公司負責整體組織，主導完成方案設計、優化和製造；中科院力學所負責減阻、降噪和運行安全課題；清華大學和北京大學負責側風穩定性計算；中國空氣動力研發中心負責氣動力學風洞試驗；同濟大學負責氣動噪聲風洞試驗；鐵道科學研究院、西南交通大學等單位進行實車測試。

時速380公里的高速列車，接近飛機低速巡航速度，世界上沒有先例可循，完全依靠自主研發。與航空飛行器相比，高速列車還要面臨地面氣流的擾動、兩車交會時的氣體激盪，以及車體通過隧道時的氣流壓力等多重考驗。因此，高速列車的頭型設計比飛機更具挑戰性。僅此，研發人員設計出了20種概念頭型，通過仿真計算、不同環境的氣動力學試驗和噪聲風洞試驗，定型五種頭型做篩選試驗，最後形成了「圓潤光滑、線條流暢、形態飽滿」的CRH380A型高速列車全新設計頭型。據悉，這個頭型的設計概念源自於「長征號」火箭造型。

CRH380A型高速列車頭車各項性能表現優異：氣動阻力降低15.4%，隧道交會壓力波降低20%，明線壓力波降低18%，氣動噪聲降低7%，均達到國際領先水平。由於在車頭兩側採用了一種叫作「導流槽」的設計，尾車氣動升力被「導流」產生的向下壓力抵消，接近於零。它就像一雙強有力的手，牢牢地抓住鋼軌，不讓火車飛起來。

四方廠技術人員說，在日本，為了測試兩車交會時的車外氣壓，

▲ CRH380AL 型動車組 （羅春曉攝）

通常採用在車身上打孔的辦法，不僅影響美觀，而且耗資巨大。中國科研人員借鑒航空航天領域的先進成果，製作出一種拍式感壓片，只有硬幣大小，將其貼在機車上便可測試兩車交會時的氣壓波動。

CRH380A 型高速列車在京津、武廣、鄭西、滬杭、京滬等高鐵線路上，累計進行了 152 大類、2800 餘項試驗，200 多萬公里的行程，相當於繞地球 50 多圈，全面驗證了新一代高速列車的各項技術性能。

2010 年 12 月 3 日，CRH380A 型高速列車在京滬高鐵棗莊至蚌埠段綜合試驗跑出了 486.1 公里的時速，創造了世界輪軌最高運營速度紀錄。2011 年 1 月 9 日，CRH380BL 型高速列車在京滬高鐵跑出了 487.3 公里試驗最高時速。由於試驗時所能達到的最高速度不僅受到車輛性能的影響，還有很多其他因素，所以很難說誰更快，就好比運動會上的冠軍不一定是實力最強的選手。然而，CRH380 型系列動車組的卓越表現證明，中國高速列車是「世界上最快的輪軌列車」。

目前，世界輪軌列車最高時速是 574.8 公里，由法國最新型「V150」型高速列車創造。但是，該速度只是試驗速度，是試驗車在特定條件下達到的極限速度。而 CRH380A 型高速列車跑出的這個時速，是在實際運營線路條件下達到的最高速度。顯然，後者更有實用意義。

值得驕傲的是，凝聚著多項科技創新成果的 CRH380A 型高速列車，擁有完全的自主知識產權，已形成專利 181 項，標準 189 項。它持續運營時速 350 公里，最高運營時速 380 公里，是當今世界運營速度最快、品質最優、功能最全、安全可靠性更高的優質產品。

在 CRH380A 型高速列車基礎上，中國高鐵研發團隊又相繼研製開發出了 CRH380AL 型、CRH380B 型、CRH380C 型、CRH380D 型、CRH380E 型等多個系列的新一代高速列車。由此，四方公司獲得國家科技計劃執行優秀團隊獎。

「金鳳凰」與「藍海豚」

「金鳳凰」與「藍海豚」是網民早期奉獻給中國標準動車組的昵稱。建立在 CRH380 系列高速列車技術平台基礎之上的中國標準動車組有兩個原車型，分別是四方公司的 CRH380A 型高速列車和長春客車公司的 CRH380B 型高速列車。兩種車型均為流線型車體，以潔白色為基調，分別點綴藍色或金黃色標色。

為此，網民將四方公司生產的藍標色 CRH380A 型稱之為「藍海豚」；將長春客車公司生產的金黃色 CRH380B 型稱之為「金鳳凰」。

統一龐雜的動車組車型，突破受人制約的核心技術困擾，生產自己的中國車，是打造中國標準動車組的根本動因。中國標準動車組的「中國」二字，意味着中國高速列車從早期的「混血兒」到「純中國」，特別是軟件全部是自主研發。「標準」二字，即針對中國高鐵運營特點，制定的中國標準。

中國工程院院士何華武認為，所謂「中國標準」，就是集國際標準和國外先進標準之所長，又有中國特色和新的超越。

得益於引進消化世界先進技術，中國高速列車製造在較短時間內實現了重大跨越。當初引進的四種技術平台、17 種車型，由於技術路徑不同、型號龐雜，給運營、維修和管理帶來了諸多不便和「尷尬」。

2013 年 6 月，中國鐵路總公司主導啟動了「中國標準動車組研製項目」。這是迄今中國鐵路史上最高級別的單個科研項目。該項目被列入「十二五」國家戰略性新興產業發

▲「金鳳凰」與「藍海豚」

展規劃，由國家專項資金給予支持。充分發揮集中力量辦大事的體制
優勢，由鐵道科學研究院技術牽頭，中國中車集團公司及所屬企業設
計製造。來自全國 25 所一流高校，11 所科研院所，51 個國家實驗室
和工程中心的 68 位院士、600 多位教授級高級工程師、200 餘位研究
員，以及上萬名工程技術人員，形成了集合優勢資源、產學研用緊密
結合、協同創新發展的良好態勢，全面展開了「中國標準動車組」的
研發與製造。

　　高速列車是各類尖端技術的集大成。中國標準動車組採用的「中
國標準」涵蓋了動車組總裝、車體、轉向架、牽引電氣、司機室佈置
及設備、制動及供風、網絡控制、運用維修等 10 多個方面的關鍵技

▲ 中國標準動車組通過 385 公里 1 小時高速試驗「大考」

▲ 2016 年 7 月 15 日，中國標準動車組以時速 420 公里實現了交會運行，創造了動車組在實際運營環境和條件下的世界最高運行速度

術和配套技術。自主設計，開拓創新，構建體系完整、結構合理、先進科學的中國高速列車技術標準是關鍵所在。

中國標準動車組的設計方略是，從原始邏輯起點，強調正向設計，從需求出發編制技術條件，自始至終凸顯「中國基因」。所謂正向設計，就是一個從概念設計起步到 CAD 建模、數控編程、數控加工的過程。即以完全適應中國的運用需求為基礎，根據中國鐵路特點制定中國標準，自主進行列車的頂層設計，軟件全面自主化，逐級開展系統及零部件設計，試驗驗證方案設計。通過採用大量的應用新技術，以適應技術進步的總體要求。

四方公司和長春公司以「中國標準動車組」技術條件為依據，對動車組頂層技術指標進行分解，周密制定了各子系統的功能規範，並開展相關技術方案設計，完成了動車組的總體設計、各子系統的技術參數匹配與相關結構設計，以及動車組的空氣動力學仿真、車輛動力學性能仿真、動車組通過曲線能力仿真分析、牽引—制動特性仿真、鋁合金車體與轉向架結構可靠性分析等設計驗證與校核計算。

中國標準動車組廣泛採用輕量化、減振降噪、節能環保等技術，積極推進永磁電機、非黏着制動、電力電池雙動力等新技術，實現高速列車技術全面自主化，整體性能及車體、轉向架、牽引、制動、網絡控制等關鍵技術均達到國際先進水平。

2015 年 6 月 30 日，兩列具有完全自主知識產權、時速 350 公里的中國標準動車組分別在四方公司和長春公司下線。由此，集物聯網、傳感網、列車控制網絡、車載傳輸網絡的多網融合技術於一體的中國智能化高速列車誕生。

同年 11 月 18 日，兩列中國標準動車組在大西高鐵的運行試驗中，都跑出了時速 385 公里的試驗速度，列車各項技術性能表現優異，通過了高速試驗「大考」。

2016 年 7 月 15 日上午 10 點，這是一個十分驚險而又富有刺激

▲ 高速列車司機

性的時刻。在徐蘭高鐵鄭徐段上，兩列中國標準動車組進行了一次具有特別意義的世界最高速度的交會試驗。蓄勢而發的兩列中國標準動車組均以最高時速 420 公里的速度迎面而來，風馳電掣一般，貼身而過，瞬間完成了高質量的高速交會試驗。有資料表明，這是世界上首次成功在實際運營線環境和條件下的高速列車最高運行速度交會。

緊接着，「藍海豚」與「金鳳凰」成功進行了重聯載客運行。兩列來自不同廠家、不同型號的動車組，各 8 節車廂，重聯在一起運行，這在中國高鐵實際運營中還是首次。與中國高鐵線路上奔馳的其他動車組的本質區別在於，兩列不同廠家生產的動車組採用的是統一的中國標準。

中國標準動車組的「標準」，意味着中國高速列車擺脫

了核心技術和關鍵零部件受制於人的局面。今後中國大地奔跑的所有高速列車都能連掛運營，互聯互通。統一零部件技術標準，實現不同廠家零件互換。中國標準動車組採用的 254 項重要標準中，中國標準佔到 84%，整體設計和關鍵技術全部自主研發，具有完全自主知識產權。11 個系統 96 項主要設備採用了統一的中國標準和型號，有效降低運用、檢修等壽命周期成本。

2017 年 1 月 3 日，中國標準動車組取得國家頒發的「型號合格證」和「製造許可證」。這標誌着中國標準動車組完全實現自主化和重要技術突破，完全建立起自己的標準體系和技術平台；標誌着中國高鐵成套技術裝備特別是高速列車已經走在了世界前列，具備了參與國際市場競爭的實力。

自此，中國標準動車組開始批量生產。

「復興號」閃亮登場

2017 年 6 月 26 日 11 時 05 分，「復興號」高速列車分別在北京南站和上海虹橋站雙向首發，一個形似「飛龍」，一個神似「金鳳」，分別擔當起 G123 次和 G124 次高速列車值乘任務。

中國高鐵從此進入「中國標準動車組時代」。

細心的人們會發現，新命名的「復興號」中國標準動車組，原來的那列有着藍色標識的「藍海豚」不見了，取而代之的是更加耀眼的紅色標識。

就在前一天，中國鐵路總公司在位於北京西郊的北京動車段舉行命名儀式，正式命名中國標準動車組為「復興號」。從這一刻起，「復興號」高速列車閃亮登場，承載着中華民族偉大復興的中國夢奔向未來。

「復興號」的生產流水線位於青島的四方公司總裝配廠。在這

▲ CR400BF 型「復興號」動車組 （羅春曉攝）

裏，機器人樂此不疲，裝配、焊接；沉重的鋼鐵構架如同一個個小玩具，被任意傳送、翻轉、輸出⋯⋯張在中董事長介紹道：「四方公司年產值達到 420 億，高速列車生產量佔全國年產量的 40% 以上。每四天就有三列『復興號』高速列車從這裏下線，開往祖國的四面八方。」

強大完善的智能化感知系統，滲透到「復興號」的每根毛細血管裏，大大提升了列車的「警惕性」。全車部署了 2500 餘項監測點，比以往監測點最多的車型還多出約 500 個，能夠對走行部狀態、軸承溫度、冷卻系統溫度、制動系統狀態、客室環境進行全方位實時監測。在車頭部和車廂連接處，還增設碰撞吸能裝置，若在低速運行中出現意外碰撞時，可通過裝置變形，提高動車組被動防護能力。

解讀「復興號」大數據，能夠採集車輛運行狀態信息 1500 餘項，包括安全性能、環境信息（如溫度）等，並記錄各部件運用工況，為全方位、多維度實行故障診斷、維修提供支持。列車出現異常時，可自動報警或預警，並能根據安全策略自動採取限速或停車措施。此外，「復興號」還採用遠程數據傳輸，可在地面實時獲取車輛狀態信息，提升地面同步監測、遠程維護能力。

全面適應中國地域廣闊、環境複雜（溫度橫跨 ±40℃）、長距離、高強度等運行需求，「復興號」按最高等級進行了 60 萬公里運行考核，比歐洲標準還多了 20 萬公里。降低全壽命周期成本，提高了安全冗餘，整車性能指標實現較大提升。「復興號」的設計壽命達到了 30 年或運行 1500 萬公里，而「和諧號」則是 20 年。

採用全新低阻力流線型頭型和車體平順化設計，「復興號」看起來線條更優雅，跑起來也更節能。「和諧號」的車頂有個「鼓包」，那裏裝着受電弓和空調系統。「復興號」把這個「鼓包」下沉到了車頂下的風道系統中，使列車不僅看起來更美，列車阻力也比既有 CRH380 系列降低 7.5%~12.3%。大量運用鎂合金、碳纖維等先進的

▲「復興號」奔馳在祖國廣袤的土地上

輕量化材料，減輕了車體重量，擴展了車廂容積。在車體斷面增加、空間增大的情況下，按時速 350 公里運行，人均百公里能耗下降 17% 左右，列車運行阻力和車內噪聲明顯下降，有效減少了持續運行能量消耗，表現出良好的節能環保性能。

「復興號」的空間更大。列車高度從 3700 毫米增高到了 4050 毫米，座位間距更寬敞。列車空調系統充分考慮減小車外壓力波的影響，通過隧道或交會時減小耳部不適感；設有多種照明控制模式，可根據旅客需求提供不同的光線環境；車廂內實現了 WiFi 網絡全覆蓋，設置不間斷的旅客用

220V 電源插座。「復興號」還採取了減振降噪措施，改進洗漱設施，設置無障礙設施等，為旅客提供良好的乘坐體驗。

據悉，國外高速列車行駛距離一般只有 1000 公里左右，中國高速列車則在 2000 公里以上。事實證明，「復興號」完全符合中國長跨度、地理環境複雜的國情、路情要求，表現出中國標準的優秀特質。

目前，在時速 350 公里中國標準動車組基礎上，「復興號」正在積極推進自主化、標準化、系列化發展。根據運輸市場需求，逐步研發 CR300 和 CR200 系列中國標準動車組。時速 250 公里、160 公里級，以及智能化列車、動力集中型、雙層車廂等「復興號」系列化中國標準動車組的研製工作已經全面展開。針對市域鐵路的發展，為既有的線路提速，研製時速 160 公里的標準動車組。打造時速 250 公里技術平台，適合不同城際之間速度要求。目前，時速 250 公里「復興號」動車組列車 30 萬公里運用考核已過半，為該級別中國標準動車組量產投用奠定了基礎。

就高速鐵路運用技術而言，有輪軌與磁懸浮之分，兩者同屬火車運行模式。

輪軌高速列車是依靠輪軌之間的黏着關係，來實現支撐、導向、牽引和制動功能，推動列車前進，時速可以達到400公里以上。磁懸浮高速列車則是靠電磁力懸浮在專有軌道上並驅動的列車。運用磁鐵「同性相斥，異性相吸」的原理，讓列車具有抗拒地心引力的能力，完全脫離軌道而懸浮行駛，恰如貼地飛行，最高時速可以達500公里以上。也就是說，磁懸浮列車跑得更快。

傳統的火車，主要有兩大噪聲來源：一是車輪同軌道接觸時產生的噪聲；二是車身與空氣摩擦時產生的噪聲。磁懸浮高速列車的優勢在於，行進時不接觸軌面，而是懸浮在軌道上方約1厘米的位置前進，因此不會有接觸鐵軌時產生的噪聲。

磁懸浮高速列車被譽為「21世紀生態純淨的交通運輸方式」。

磁懸浮列車軌跡

自世界上有鐵路以來，輪軌火車就是鐵路的標誌。磁懸浮列車是火車運用技術的一種創新。

磁懸浮技術的研究源於德國。早在1922年，德國工程師赫爾曼・肯佩爾就提出了電磁懸浮原理，並於1934年申請了磁懸浮列車的專利。由於受到技術發展水平的制約，這一專利一直沒能運用在鐵路運輸上。1970年以後，隨着工業化國家經濟實力的不斷加強，為提高交通運輸能力以適應其經濟發展的需要，德國、日本、美國、法國、英國、蘇聯

等發達國家，以及中國，都相繼開始籌劃進行磁懸浮運輸系統的研究和開發。其中，德國、日本還各自建起了頗具規模的試驗線，並因此獲得了大量豐富的數據。

眾所周知，磁鐵具有同性相斥和異性相吸兩種形式，故磁懸浮列車也有兩種相應的形式：一種是利用磁鐵同性相斥原理而設計的電磁運行系統的磁懸浮列車。它利用車上超導體電磁鐵形成的磁場與軌道上線圈形成的磁場之間所產生的相斥力，使車體懸浮在軌道上面運行；另一種則是利用磁鐵異性相吸原理而設計的電動力運行系統的磁懸浮列車。它是在車體底部及兩側倒轉向上的頂部安裝磁鐵，在 T 形導軌的上方和伸臂部分下方分別設反作用板和感應鋼板，控制電磁鐵的電流，使電磁鐵和導軌間保持 10~15 毫米的間隙，並使導軌鋼板的排斥力與車輛的重力平衡，從而使車體懸浮於車道的導軌上面運行。

通俗地講，就是位於軌道兩側的線圈裏流動的交流電，將線圈變為電磁體。由於它與列車上的超導電磁體的相互作用，就使列車開動起來。列車前進是因為列車頭部的電磁體（N 極）被安裝在靠前一點的軌道上的電磁體（S 極）所吸引，並且同時又被安裝在軌道上稍後一點的電磁體（N 極）所排斥。當列車前進時，在線圈裏流動的電流流向就反轉過來了。其結果就是原來那個 S 極線圈，現在變為 N 極線圈了，反之亦然。這樣，列車由於電磁極性的轉換而得以持續向前行駛。

磁懸浮列車主要由懸浮系統、推進系統和導向系統三大部分組成。儘管可以使用與磁力無關的推進系統，但在目前的絕大部分設計中，這三部分的功能均由磁力來完成。目前懸浮系統的設計可以分為兩個方向：德國採用的常導型和日本採用的超導型。

「常導型」磁懸浮列車及軌道和電動機的工作原理完全相同。只是把電動機的「轉子」佈置在列車上，將電動機的「定子」鋪設在軌道上。通過轉子、定子間的相互作用，將電能轉化為前進的動能。

「超導型」磁浮列車是利用超導磁石使車體上浮，通過周期性地變換磁極方向而獲取推進動力的列車。常導磁懸浮時速可達 400~500 公里，超導磁懸浮時速可達 500~600 公里。

對於客運來說，提高速度的主要目的在於縮短乘客的旅行時間。誠然，運行速度的要求與旅行距離的長短緊密相關。各種交通工具根據其自身速度、安全、舒適與經濟的特點，分別在不同的旅行距離中起骨幹作用。專家們對各種運輸工具的總旅行時間和旅行距離的分析表明，按總旅行時間考慮，時速 300 公里的高速輪軌與飛機相比，在旅行距離小於 700 公里時才顯優越。而時速 500 公里的高速磁懸浮，則比飛機優越的旅行距離將達 1500 公里以上。

據日本研究與實際試驗的結果，在同為 500 公里的時速下，磁懸浮列車每座位公里的能耗僅為飛機的 1/3。據德國試驗，當 TR 磁懸浮列車時速達到 400 公里時，其每座位公里能耗與時速 300 公里的高速輪軌列車持平；而當磁懸浮列車時速也降到 300 公里時，它的每座位公里能耗可比輪軌列車低 33%。另外，磁懸浮列車拐彎半徑小，能通過 100 米，甚至更小的彎道。而一般輪軌要轉彎起碼需要 300 米。

磁懸浮列車是 21 世紀理想的超級特別快車，世界各國都十分重視發展磁懸浮列車。目前，日本、德國、英國、美國和中國都在積極研究磁懸浮列車，並投入運營實踐，不斷推出新成果。日本的超導磁懸浮列車已經過載人試驗，即將進入實用階段，運行時速可達 600 公里以上。

20 世紀 80 年代，世界首條磁懸浮列車系統在德國柏林鋪設。長度 1.6 公里，設有三個車站，採用無人駕駛列車技術。1991 年 7 月，這條磁浮線路正式開始載客服務。兩

個月後，柏林牆倒塌，東西德國合併，由於政治原因，該線改為普通輪軌列車運行。

1984 年 4 月，英國伯明翰機場至英特納雄納爾火車站之間一條 600 米長的磁懸浮鐵路正式通車營業。旅客乘坐磁懸浮列車，從伯明翰機場到英特納雄納爾火車站僅需 90 秒鐘。該線於 1996 年停運。

1994 年，西南交通大學研製出中國第一台可載人常導低速磁懸浮列車，這是在完全理想的實驗室條件下運行成功的。1995 年 5 月 11 日，中國第一台載人磁懸浮列車在國防科技大學研製成功。中國成為繼德國、日本、英國、俄羅斯、韓國之後，第六個成功研製磁懸浮列車的國家。

一番大浪淘沙後，截至 1998 年，世界磁懸浮舞台只剩下兩位主演：德國與日本。日本的是低溫超導排斥型磁懸浮，德國的是常導吸引型磁懸浮。但都只是處於試驗階段，沒有真正投入商業運營。這時，中國的磁懸浮研究重點放在中低速上，一直在紮實推進。

2005 年 7 月，首列中低速磁懸浮工程化樣車在唐山軌道客車公司下線。隨後，唐山公司建成了長達 1.547 公里的國內首條中低速磁懸浮列車工程化示範線。科技部將其確立為國家科技支撐計劃中低速磁懸浮交通試驗基地。

2009 年 6 月 15 日，中國首列具有完全自主知識產權的實用型中低速磁懸浮列車，在唐山公司下線後完成列車調試，開始進行線路運行試驗。列車採用 3 輛編組模式，由 2 輛結構相同的端車和 1 輛中間車組成，運行時速為 120 公里，載客 320 人，爬坡能力達到 70‰ 的水平，使用壽命在 25 年以上，被科技部列入國家「十一五」科技支撐計劃。這標誌着中國已經具備中低速磁懸浮列車產業化的製造能力。

世界上磁懸浮列車的最新成果是，2015 年 4 月 21 日，日本東海鐵路公司在山梨磁懸浮線路上進行測試，一舉刷新了 5 天前在該線路

上取得的時速 590 公里的磁懸浮列車載人行駛紀錄，創造了時速 603 公里的世界最高紀錄。

上海高速磁懸浮

上海磁懸浮列車是中國學術界「輪軌與磁懸浮之爭」的產物，是世界上第一條商業運營的磁懸浮列車示範線。

20 世紀 90 年代，中國鐵路部門、學術界曾有過一場「是發展輪軌還是磁懸浮」的爭論。為了讓實踐說話，中國工程院諮詢報告提出建議：在合適的地段建設一段磁懸浮試驗運行線。其意義在於，驗證高速磁懸浮交通系統的成熟性、可用性、經濟性和安全性。國家採納了這個建議，通過對北京、上海、深圳三個地區進行比選後，磁懸浮最終落戶上海。

2000 年 7 月初，德國以很高的禮遇歡迎中國總理朱鎔基的到來。朱總理在訪德期間，有一項重要的內容就是參觀德國磁懸浮列車。7 月 2 日，朱鎔基在前往拉滕市的專列上，會見了與中德磁懸浮合作項目有直接關係的 3 個人：德國運輸部長克利姆特、西門子公司總裁馮‧皮勒和施威比豪爾住房儲蓄銀行董事長埃德爾特。在拉滕市，朱鎔基參觀了德國磁懸浮列車試驗場，並饒有興致地乘坐了設計時速可達 500 公里的磁懸浮列車。

此前，中德在柏林已簽署了《上海浦東機場—陸家嘴磁懸浮列車示範段可行性研究協議書》，約定在這條商業化運行示範線引進德國的磁懸浮技術。德方為了推廣高速磁懸浮技術，積極支持中國實現磁懸浮系統設備製造的本地化。當然，這種合作不會向中方轉讓列車核心技術。

▲ 上海磁懸浮列車駛出站台 （楊惠興攝）

　　早在 1995 年，科技部成立磁懸浮小組後，中國曾與日本就磁懸浮技術合作進行過接觸。日本不僅擁有新幹線技術，還擁有超導磁懸浮技術。當時與日本討論的議題是，在全長 150 公里的滬杭鐵路線上採用日本超導磁懸浮的可行性方案，但日本提出的條件卻是中國要把沿線的開發權都給日本，遭到中國政府的拒絕。

　　2001 年 3 月 1 日，舉世矚目的上海磁懸浮列車示範運營線工程在上海市浦東新區正式開工。該線西起地鐵二號線龍陽路站，東至浦東國際機場航站樓，正線全長約 30 公里，共設兩個車站。上海市委領導按動電鈕，五台大型打椿機齊聲轟鳴，浦東黃樓鎮這個平靜的普通小鎮沸騰了。

經過中德兩國專家兩年多的設計、建設、調試，2002年12月31日，上海磁懸浮運營線終於呈現在世界的面前。它的第一批客人包括中國國務院總理朱鎔基和德國總理施羅德先生。

登上列車前，朱鎔基詼諧地對海外媒體的記者說：「今天我和我的全家，包括我的第三代，全都在這個車上，而且沒有買保險。」他15分鐘的答記者問，竟然21次被熱烈的掌聲所打斷。

列車啟動了。中德兩國總理乘坐在世界上唯一的磁懸浮運營線上，享受着時速430公里帶來的快感。窗外的車流人流和高大建築眨眼即逝。這僅次於飛機的時速，讓兩位總理十分興奮。列車只運行了7分鐘，就跑完了全程。

2003年1月4日，上海磁懸浮列車示範運營線正式開始商業運營。全程只需8分鐘，14分鐘內能在上海市區和浦東機場之間打個來回。

這個當今世界最酷的列車，一個供電區內只能允許一趟列車運行，軌道兩側25米處有隔離網，上下兩側也有防護設備。轉彎處半徑達8000米，最小的半徑1300米，肉眼觀察幾乎是一條直線，乘客不會有不適感。軌道全線兩邊50米範圍內裝有目前國際上最先進的隔離裝置。

上海磁懸浮列車示範運營線投入運營，引起了國際社會的廣泛關注。人們羨慕上海，因為上海擁有世界上唯一一條投入商業運營的磁懸浮線。世界上有那麼多的國家參與了磁懸浮技術的研究，而只有上海建成了真正意義上的磁懸浮運營線。遺憾的是，上海磁懸浮試驗線開通僅半年即出現技術問題，某些電纜發生局部過熱甚至燒毀現象。儘管有報道說，中德專家一致認為，發生燒損並不影響磁懸浮的正常安

全運行，但對京滬大動脈上的風險，沒有人敢掉以輕心。就如德國北萊茵至西伐利亞州 79 公里的磁懸浮鐵路計劃，因為涉及人口多、造價太高而被廢除，使德國磁懸浮火車公司遭受了沉重打擊。

有專家給磁懸浮列車算了一筆賬：按照上海磁懸浮線路每公里造價 3 億元計算，比輪軌高出 1 倍左右。而且磁懸浮系統的運輸能力相對輪軌鐵路也要低得多。

事實上，關於磁懸浮技術，不僅在中國評價不一，即便在其誕生地德國也處於爭論的漩渦之中。呼聲最高的柏林至漢堡磁懸浮線已被迫放棄，直接原因在於造價遠遠超過原有預算，國會不同意再增加撥款；預測該線客流量不足，聯邦鐵路公司不願承擔運營虧損責任。

就中國國情而言，磁懸浮造價高是一個原因，關鍵是不能與既有鐵路聯網聯通。鐵路的優勢在於四通八達的網絡化。如果孤單地修建一條磁懸浮也就是做做樣子而已，失去路網的整體優勢，運輸效能就無從談起。

長沙國產磁懸浮

長沙磁浮快線是中國首條中低速磁懸浮商業運營示範線，也是目前世界上最長的中低速磁懸浮商業運營線。具有完全自主知識產權技術、完整的系統集成管理經驗和專業的運營組織體系結構。由株洲電力機車公司與西南交通大學、國防科技大學、同濟大學等高校聯合研發生產。

中低速磁懸浮列車是一種新近發展起來的軌道交通裝備。如果説高鐵屬於遠距離陸地交通工具，中低速磁懸浮則主要應用於城際短距離交通出行。它利用電磁力克服地球引力，讓列車在軌道上懸浮，並利用直線電機推動前進。

與輪軌列車相比，中低速磁懸浮列車具有安全好、噪聲低、振動

輕、轉彎半徑小等優點。線路鋪設條件寬鬆，建造成本低，易於實施，易於維護。由於其牽引力不受輪軌間的黏着係數影響，爬坡能力強，屬於舒適、安全、快捷、環保的綠色軌道交通工具，在各種交通方式中具有獨特的優勢。

長沙磁浮快線連接長沙火車南站和長沙黃花國際機場，全程高架結構，線路全長 18.55 公里。初期設車站三座，預留車站兩座，設計時速為 100 公里。2014 年 5 月 16 日開工建設。2016 年 5 月 6 日正式通車試運營。

這是中國第一條自主設計、自主製造、自主施工、自主管理的中低速磁懸浮商業運營線，標誌着中國磁懸浮技術實現了從研發到應用的全覆蓋，成為世界上少數幾個掌握該項技術的國家之一。長沙是中國繼上海之後第二個開行磁懸浮列車的城市。

中低速磁懸浮運行時，噪聲等級僅相當於普通人說話，低速時則幾乎悄無聲息。株洲公司磁浮系統研究所副所長李曉春講過一個故事：一次，他們做中速列車開行試驗時，前方的軌道上停有一隻背對列車的斑鳩。由於開行聲響太小，列車開到離小鳥只有幾米的時候，牠依然沒有發現列車的到來，直到司機鳴笛後，牠才驚覺飛走。

憑藉完全自主知識產權和本土化運營管理，以及高達 80% 的本土化產品製造，中國已經掌握了磁懸浮核心技術，擁有了較完整的產業鏈，具備了專業的工程化集成能力，長沙磁浮快線的創新示範和對外開放優勢日益顯現。

2008 年，株洲公司開始着手中低速磁懸浮列車項目。通過 9 年不懈努力，攻克了中低速磁懸浮列車系統集成技術，研製了擁有自主知識產權的懸浮系統、適應 1860 毫米軌距的懸浮架，以及高可靠性的整車電氣系統，填補了中國

中低速磁懸浮自主知識產權的工程化和產業化運用領域的空白；具有良好的社會效益，顯著的推廣和示範效應，在世界中低速磁懸浮列車技術領域居於一流水平。

由中車時代電氣研製的中低速磁懸浮列車電氣牽引系統，是中低速磁懸浮列車最核心的成套設備之一，具有自主知識產權，達到了國際先進水平。列車採用的直線電機牽引技術，在國內也是首創。還有感應金屬軌枕的牽引系統測速技術，破解了牽引系統、制動系統、信號系統在磁懸浮列車上無速度信號源的難題。從國際上看，這些先進技術都是首次應用。

▼ 長沙磁懸浮列車 （羅春曉攝）

火車頭的文化符號

人類社會的發展歷史，是依據在生產工具根本變革方面的考古學證據來界定的。如舊石器與新石器時代、銅石並用與青銅器時代、手工製作與機器時代等，其時代的劃分標誌都是生產工具。

火車頭是先進的生產工具。蒸汽機的發明和應用，打破了手工業作坊的寧靜，將人類帶入了蒸汽時代。蒸汽機車的鏗鏘車輪，不僅大大加快了人類的行走速度，更重要的是帶來了人類社會觀念和行為的一系列變革，迎來了世界的新格局、新面貌。

最早的火車頭——蒸汽機車，開創了機器時代，被視為工業文明的標誌性符號。內燃機車、電力機車拉開了信息革命的序幕，高速動車組則成為新時代高速度的象徵。每一個時代的火車頭，都是人類發展、社會進步的里程碑。以其無堅不摧、滾滾向前的形象，構築起時代標誌和文化符號。

「火車跑得快，全靠車頭帶。」這裏所說的車頭指的就是鐵路機車，俗稱火車頭。火車頭有廣義和狹義之說，狹義上講，是鐵路機車的通稱；廣義上講，比喻起帶頭作用或領導作用的人或事物。

火車誕生 200 多年來，它以勢如破竹的氣概和勇猛直前的品質給人們許多聯想和啟示。人們習慣將先進事物、科技知識，以及方向性、前瞻性的事物比喻為「火車頭」。由此，火車頭成為開創性、正義感與磅礡力量的體現。在古希臘時代，數學是古希臘文明的火車頭；在戰爭時代，革命是社會發展的火車頭。我們還將人類前進的腳步，比喻為滾滾向前的「歷史車輪」……

從革命戰爭年代「打不爛、炸不斷的鋼鐵運輸線」，到改革開放時期「開往春天的列車」，再到「復興號」奔馳在

祖國廣袤的大地上。隨着時代的進步，每當中國革命、國家建設的關鍵時刻，人們都會賦予「火車頭」新的含義和新的意境。

就鐵路性質而言，從火車頭誕生的第一天起，其文化表現就如影隨行。如中國鐵路路徽，就是一個典型的火車頭文化圖解。由工人二字組合成一個火車頭正面圖形，集鐵軌、隧道、火車頭等多個元素，整體看上去就是一台奔馳而來的火車頭，又稱「火車頭」路徽。它承載着中國傳統文化的設計理念、現代文化的設計思想和視覺文化的綜合表現。這種文化存在的意義在於，以文化符號表達鐵路企業的鮮明特徵，用文化符號滿足社會大眾的直觀感受、審美情趣、社會心理和

▼ 第一台「毛澤東號」蒸汽機車 （陳海濤畫）

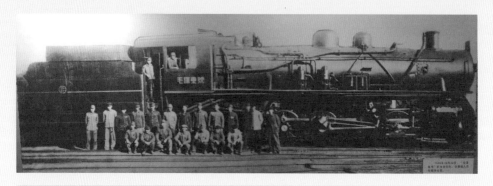

▲ 首台「毛澤東號」機車和工作人員合影

▲ 20 世紀 40 年代的「毛澤東號」蒸汽機車 （劉一贏攝）

▲「朱德號」機車 （劉一贏攝）

► 「周恩來號」
　機車

► 行駛中的「朱
　德號」機車

禁忌。

　　閱讀中國鐵路歷史，大寫着一台富有傳奇色彩和文化內涵的火車頭：它穿越過解放戰爭的槍林彈雨，參與過唐山地震的搶險救災，多拉快跑承擔過繁忙的貨運任務，今天又擔當着繁重的客運任務；它歷經了六代、五次機車換型，跨越蒸汽、內燃、電力三個時代，見證了中國火車頭的發展歷程。它就是舉世聞名的「毛澤東號」機車。

　　中國鐵路一共有 5 台以偉人、名人命名的火車頭。它們是「毛澤東號」「朱德號」和「周恩來號」機車，以及「黃繼光號」和「雷鋒號」機車。

▶ 和諧 3D 型「毛澤東號」電力機車

這些偉人、名人號機車，都在火車頭前面的正面醒目位置，掛有偉人或名人的浮雕銅像和機車命名號。這些機車都具有保養精良、安全穩定、歷史傳承和司機技術精湛等特點。事實證明，偉人、名人號機車作為鐵路歷史的文化符號，彰顯着勇往直前的時代精神，已經成為中國鐵路的時代旗幟，發揮着強大的精神引領和激勵作用。

也許很多人都會以為，「毛澤東號」機車一定是挑選出來的性能最好、質量最棒、開起來最風光的機車。其實不然，「毛澤東號」機車誕生於解放戰爭的炮火硝煙之中，是哈爾濱機務段工人們搶修出的一台日本人留下的破舊機車。經當時中共中央東北局批准同意，按照工人們的要求，這台機車被命名為「毛澤東號」。

1949 年 3 月初，時任中央軍委鐵道部部長滕代遠下令調「毛澤東號」機車入關，給全路機車當樣板，示範推廣機車包乘組負責制。70 多年來，「毛澤東號」機車在全國數以萬計的火車頭中，保養最好、節省燃料最多、安全公里最長，是一台從未發生過任何責任事故的響當當的優秀機車，成為全國火車頭的「火車頭」。

田桂英，中國第一名女火車司機。

至今，田桂英家裏還掛着一張年代久遠的黑白照片：一位年輕姑娘身着鐵路制服，從蒸汽機車駕駛室瞭望窗裏探出身來，目視前方，精神抖擻。車窗下是一面鐵質旗幟，上面寫着：婦女的火車頭。

田桂英是中國火車司機的傑出代表。她刻苦好學、技術精湛，她勇於吃苦，多拉快跑。她的故事不僅收入了 20 世紀 50 年代的中小學生課本，還被拍成新中國第一部反映鐵路的電影——《女司機》。田桂英回憶道：「那個時候，火

▶ 《女司機》電影海報

車上的工作條件可不是今天看到的這個樣子。我們要在脖子上圍個手
巾，以免煤灰鑽進脖子裏，跑一趟車下來，滿臉都是黑的。」田桂英
擔任司機長的 3 年時間裏，所在的「三八號」機車行駛 20 多萬公里，
從未發生過事故。

　　火車留下的歷史軌跡，也是一種文化表現，成就了難以磨滅的歷
史記憶。中華人民共和國成立後，鐵路發展日新月異，火車頭奔馳在
廣袤大地上，每一代人都似乎有着一段關於火車頭的記憶。

　　出生於 20 世紀的「50、60、70 後」的人們，記憶中的是氣勢威
武、冒着黑煙、轟轟隆隆的蒸汽機車；「80 後」的人們，記憶最深的

是乾淨明亮、機器轟鳴、快速行駛的內燃機車;「90 後」的記憶印象,是安靜平穩、提速豪邁、飛馳向前的電力機車;而「00 後」的新生代,所熟悉和欣賞的是,漂亮的流線型、風一樣快的高速動車組。

濟南機務段有一位名叫薛軍的火車司機。他出生於1968 年,到 2017 年已經在火車頭上工作了 32 個年頭。他開過中國人記憶中的全部火車頭。他擁有蒸汽機車、內燃機車、電力機車、高速動車組四個時代的六本駕照,親身經歷了中國火車頭的每一次升級轉型,見證了中國鐵路的迅猛發展。他從取得第一本火車駕照至今,出乘 5715 趟,實現了安全行車零違章、零事故。

火車頭形象以特有的文化氣質表現,在豐富錢幣、郵票、糧票等票證畫面的同時,也留下了時代的烙印。票證上的火車頭文化,見證了國民經濟社會發展的腳步,彰顯着各個歷史階段的時代氣息。一些特殊票證還無情演繹着特殊歲月裏的滄桑記憶。

中國人民銀行發行的中華人民共和國第一套人民幣,火車頭捷足先登。

「火車頭幣」首套發行於 1953 年 3 月 1 日。正面圖案為火車主綠色,背面圖案為花符、國徽及漢、蒙、維、藏文字主茶色,面值 2 角。採用膠印四色和凹印一色的印刷工藝,由上海印鈔廠印刷,中國人民銀行發行。

據說,這個 53 版 2 角正面圖案的「火車頭」原型,就是「毛澤東號」機車。最初設計時,畫稿上的火車頭上嵌有毛主席像,後經中央和國務院審核時,將原來的毛主席像改為五角星。火車頭幣年代久遠,流通時間短,存世量稀少,是收藏界炙手可熱的藏品。

2018 年 9 月 3 日，中國人民銀行發行中國高鐵普通紀念幣一枚。這是中國人民銀行首次發行火車頭紀念幣。中國高鐵普通紀念幣正面圖案為國徽，其上方刊「中華人民共和國」國名，下方刊年號「2018」字樣；背面圖案主景為「復興號」動車組，背景為京滬高鐵大勝關長江大橋、北京南站、「復興號 · 中國高鐵」文字及高山、梯田、沙漠等。主景上方刊有面額「10 元」字樣。

　　建國前夕，中國開始發行火車頭郵票。幾十年來，火車頭郵票忠實地記錄了新中國火車頭的發展變化軌跡。據不完全統計，從 20 世紀 50 年代至 80 年代，中國發行的火車圖案郵票至少有 40 種以上。1980 年以後，又發行了多種年號的火車頭郵票。此外，還有中國香港、台灣發行的火車郵票，合計起來近百種，而且發行量巨大。

　　中國最早的火車頭郵票誕生於 1949 年。畫面是蒸汽機車，面值 30 元。中華人民共和國成立之初，中國鐵路機車大都是蒸汽機車。這個時期的中國火車頭郵票圖案，都是冒着濃煙的蒸汽機車。

　　1973 年 10 月 20 日，中國發行的交通運輸圖普通郵票中，首次出現由內燃機車牽引的旅客列車。有趣的是這枚郵票圖案中有兩條鐵路上下交叉，立交橋上行駛着一列由蒸汽機車牽引的列車，反映了 20 世紀 70 年代中國鐵路運輸內燃機車與蒸汽機車並存的這段歷史。

　　1979 年 10 月 30 日，中國發行的《鐵路建設》特種郵票中，圖案是由電力機車牽引的一列旅客列車通過隧道。這是國產電力機車首次出現在郵票上。

　　中國郵票最早出現高速列車是 2006 年 12 月 28 日發行的「和諧鐵路建設」（小型張）。畫面主圖為 CRH2-A 型「和諧號」動車組，背景和上方邊飾為霞光照耀下的城市建築群；左下角邊飾為夜幕下的城市建築群。整個畫面喻義是鐵路第六次大提速使人們能夠朝發夕至，實現鐵路擴充運輸能力、提升技術裝備水平的歷史性突破。

　　20 世紀 50 年代至 80 年代初，中國由於物質匱乏、供應緊張，

▲ 郵票上的蒸汽機車

▲ 郵票上的高速列車

有錢買不到東西。大部分生活日用品都要憑票供應，限量買賣。於是，糧票、布票、棉票、火柴票、煤油票、鹽票等等，相繼問世，各種票證有數十種之多。柴米油鹽、衣食住行，購買日常生活用品，幾乎沒有不要票證的。

1955 年，中華人民共和國糧票正式發行。從此，中國開始進入多種票證時代。直到 1993 年，國家放開糧油價格，糧票終於壽終正寢，退出歷史舞台。在這短短的 38 年中，中國所發行的各類糧票共達 5000 多種，上萬個版本。在諸多的糧票圖案中，火車頭圖景是最多的，不同時代的火車頭，反映了社會發展態勢和時代特徵。

火車頭的品質，決定了它內含豐富的火車頭文化表現。

毫無疑問，火車頭作為一種文化符號，讓我們領略了人類文明的鏗鏘腳步。中國火車頭，回蕩着中國氣派，也跳動着中國發展的歷史脈搏。在這種文化符號的深處，是科技發展的日新月異，創新精神與報國情懷，是勇往直前的氣概和力量。

我的火車頭生涯

10 歲那年，我陪舅舅去長沙看病。在岳陽火車站，我第一次見到了火車。

那天半夜，我們從老家洪湖的長江碼頭上輪船。天亮時，到了對岸的湖南岳陽。趕到岳陽火車站時，正好有一列火車吐着煙霧，鳴着汽笛，拉着長長的、裝滿貨物的車廂，轟隆隆地開了過來。

那時的岳陽火車站還是開放式的。一排鐵柵欄象徵性地把站台與廣場隔開。柵欄的門半掩着，行人可以隨意進出，只有客車進站時，柵欄門前才有人把守，對出入者逐個檢票。

我好奇地穿過柵欄門，來到站台上。長長的火車緩緩地停在了我的面前，粗壯威武，氣勢非凡。黑黑的火車頭，像一座臥倒的鐵塔，「呼哧呼哧」地喘着粗氣，煙筒噴出的煙霧，夾帶着煤渣，紛紛揚揚。車身兩側的汽管，不停地噴射着蒸汽，將紅紅的大輪子包裹起來，白裏透紅，雲蒸霞蔚。

飛揚的煤渣灑落在我白色的襯衣上。一片黑點，很刺眼。

舅舅說，這是蒸汽機車，因為燒的是煤，所以吐出的煙裏盡是煤渣。

我喜歡火車頭。我並沒有感到它髒。

不記得是從哪本書上看到的：「開火車是每個男孩子的夢想。」從此以後，大紅輪子的火車頭深深地烙印在了我的腦海裏，揮之不去，眷念無比。

1977 年春天，我 20 歲。這一年我夢想成真。

春日好風光。這個春天，我瞬間轉換了身份，從一名下鄉知識青年，被招工上鐵路，成為了一名蒸汽機車乘務員，也就是開火車的。然而，當我拿到紫荊嶺機務段《招工通

知書》時，卻傻眼了。瞧這單位的名字，分明就是一個長滿荊棘的山嶺，或者是一個偏僻的山溝。實事上也正是如此。紫荊嶺機務段地處丘陵地帶，前不着村，後不着店，典型的「三線」建設產物。坐落在湖北省枝江縣境內，離最近的安福寺小鎮還有幾十里地。

20 世紀 60 年代末，為落實毛主席「要準備打仗」的偉大號召，鐵路部門在勘察設計焦（作）枝（城）鐵路時，盡量避開城鎮，進山打洞，備戰備荒。由此，焦枝鐵路沿線的車站、鐵路單位大都設置在邊遠鄉村。機務段是火車頭的歇息地，更應該放在大山裏才安全。於是，就有了紫荊嶺機務段。

瞬間的憂慮之後，我立刻樂觀起來。儘管紫荊嶺機務段所處的位置太荒野，但我們是開火車的啊。開火車，多麼崇高的職業啊，行走四方，四海為家。紫荊嶺就是一個人生客站而已，來去匆匆，歇息後再出發，自然是無所謂了。這種詩人情懷是我當時的真實感受。

火車頭實行包乘制，即 9 個人一個包乘組，包乘一台蒸汽機車，對機車質量、行車安全和運行交路全面負責。三人一班，司機、副司機和司爐。三班倒，輪流走車。儘管外人統稱我們為火車司機，但是在包乘組內部是有講究的。司機稱為「大車」，大車即老大，副司機和司爐則稱為「夥計」。當火車司機得從司爐幹起。說是司爐，其實就是在火車頭上給鍋爐投煤的。

坐在司機室，高高在上。火車開動起來，風馳電掣。身臨其境，就有了一種穿山越水的氣勢，一種騰雲駕霧的霸氣。我很興奮，有着一種說不出的衝動和激情。我們這幫大車、夥計，儘管成天在煙熏火燎的水汽蒸騰中，辛勤勞作，通宵達旦，但仍然對自己的職業充滿了自豪感。當時，形容機車乘務員生活有一句順口溜：「離地三尺三，賽過活神仙。」着實很讓人羨慕。

蒸汽機車的原理很簡單：把煤填入爐膛，煤在燃燒過程中，將蘊藏的化學能轉換成熱能，將機車鍋爐中的水加熱、汽化，形成 400℃

以上的過熱蒸汽，再進入蒸汽機膨脹作功，推動蒸汽機活塞往復運動，活塞通過搖桿、連桿，將往復直線運動變為輪轉圓周運動，帶動動輪旋轉，從而牽引列車前進。

司機室裏，控制爐門開啟的叫「腳踏」。司爐投煤時，每一大鍬煤約 10 公斤，腳有節奏地踩在「腳踏」上，爐門就會自動開啟或關閉，煤就順勢投入了爐膛。3 秒一鍬，10 秒鐘一個組合。所謂三鍬一個組合，即鍋爐前端一鍬，後角左右各一鍬；或鍋爐前端一鍬，再中間左右各一鍬；或鍋爐中間一鍬，後角左右各一鍬。這叫「三鍬法」。投入爐膛裏的煤，必須鋪成「簸箕形」火床 —— 中間往前低平，兩邊和後角高。這樣的火床，煤才能得到充分燃燒。

師傅說，熟練掌握了「三鍬法」，才能燒出簸箕形火床來。只有簸箕形火床，才能燒上汽。所謂能燒上汽，具體地說，就是保證火車頭在運行中鍋爐的氣壓不低於 15 個壓。

我練習投煤很用心，很快就熟練地掌握了「三鍬法」。規定三個月的試用期，我只用了一個月，就單獨上崗作業了。為了探身瞭望方便，司機室兩邊的瞭望窗玻璃是不能關閉的。冬天裏，兩邊的風呼呼往司機室裏灌，寒氣刺骨。夏日裏，伴隨着一座大爐子，駕駛室又悶又熱，衣服沾了汗水和皮膚黏在一起。一個班次下來，至少要投五六噸煤。每次下班，人都累得像要虛脱，一回到宿舍就倒床呼呼大睡。

行車時，司機和副司機分別坐在駕駛室左右兩側的瞭望窗前，坐在左側的司機，除了負責駕駛機車和瞭望外，還要做行車記錄；坐在右側的副司機，協助司機瞭望、鳴笛，呼喚應答，再就是與司爐輪換着投煤燒汽。

何為「呼喚應答」？為了確保行車安全，機車乘務員有個 16 字工作法，即「徹底瞭望，確認信號，高聲呼喚，手

比眼看」。前面 8 個字是要求，後面 8 個字是措施。由於司機室噪聲大，確認信號或發現線路上有異常，不僅要大聲呼喚，而且要手比眼看。由此，規定了一整套標準口語和標準手語。譬如說，前方信號機顯示「綠燈」，司機、副司機誰先看到，誰就高聲呼喚「通過」，同時一隻手的食指與中指並列伸出，手語「通過」。另一方確認後，再以同樣的口語和手語回應。這就叫作「高聲呼喚，手比眼看」雙保險。

剛上車時，我不習慣這種呼喚方式，不好意思大喊大叫。因此，沒少捱師傅的罵。後來習慣了，確實感覺很有必要。相互提醒，共同確認，你錯我防。有時半夜行車，發現司機坐在瞭望窗前打瞌睡了，夥計又不好意思推醒他，只好大聲呼喚信號。師傅立馬會猛醒，趕緊確認回應。

說來有趣，儘管司爐的職能是專職燒鍋爐，但實際上焚火里程與副司機一人一半。這是一條不成文的規定。副司機投煤時，司爐就坐上副司機的位置，負責瞭望、鳴笛、給鍋爐注水。與司機各把一邊，也很有司機範兒的。

焦枝鐵路穿越於山區，沿線隧道多，而且都是大長隧道。大山與大山相連，隧道與隧道相連。列車進山洞時，如果是上坡道，投煤是不能停的，否則就會「掉汽」。然而，在隧道裏，機車的煙筒口被隧道壁憋住了，煙管排煙不暢，導致煙火倒流，嗆得司機室裏的三個人眼淚直流，咳嗽不止。坐在瞭望台的司機、副司機，可以用溫毛巾捂住鼻子和嘴，燒火的司爐可不行，必須使勁往爐子裏投煤，把汽頂上。

由於勞累，加之工作環境差，機車乘務員也是最「邋遢」的。工作服總是煤渣點點，油跡斑斑。有詩為證：遠看是要飯的，近看是撿炭的，仔細一看，是機務段的。

不過，機車乘務員都是樂觀豁達之人。下班了，走在機務段的馬路上，清一色的歪着膀子，大搖大擺，一副大大咧咧的模樣。說說笑

笑，也全是大嗓門兒。火車頭上很搖晃，因為是站着投煤，必須隨着機車晃動找平衡。還有車上瞭望，都是探出半個身子往前傾斜。時間一長，就成了習慣。下了車，依然是搖搖晃晃的，歪着半條膀子。蒸汽機車開動起來，車輪擊打着鋼軌，噪聲特大。在司機室裏說話，習慣了大聲音，再就是「呼喚應答」練的，不知不覺都成了大嗓門兒。這些機車乘務員的職業習慣，在外人看來，都成了「瞧跑車的這德行」。

其實，開火車很簡單，沿着軌道跑，不用把方向盤。司機就是控制汽門、手把，還有一把閘。開起車來很神氣，卻讓業內的人看不起。有人形容道「把大餅子拴到汽門把上，狗都能開」。因為狗咬着餅子，用力一拉，汽門就被拉開了。

要說火車司機的真功夫，玩的就是「一把閘」。列車採用的是空氣制動。司機手裏的閘把，控制空氣壓縮機製造的「風」，風推動機車車輛制動風缸裏的勾貝，勾貝推動閘瓦對車輪實施制動。師傅經常對我說，開火車不怕開不走，就怕停不住。說的就是「一把閘」的重要性。

一台機車拉着幾十節車輛，或是幾千噸貨物，或是千餘名旅客，進站停車，撂下一閘把，是不是橫行江湖的「武林高手」，就看你的「三板斧」：一看車廂或車輛是否順勢而停，不能碰撞得前後叮當響。二看列車停穩後，機車瞭望窗是否與站台上的「停車標」在一條線上。三看機車上水時，車站股道邊的「水鶴」，是否恰好對準機車煤水車的注水口。三個標準到位了，那才叫「大爺」。披着油黑棉襖，眼睛朝天，走路橫晃，威風八面。開車時，踩得汽笛震天響。進站時，向站台上的大姑娘小媳婦拋媚眼。機車後的千軍萬馬都得聽他的，說走就走，說停就停，千言萬語一個字：爽！

「手上一把閘，身後千條命。」大車的手藝關係到身後上千名旅客的安全。因此，鐵路對火車司機選拔的標準很高，考核極嚴。司爐燒火沒個三四年，是沒有資格考副司機的。副司機不熬個五六年，也輪不上考上司機的份兒。這只是資格，每次考試錄取比例最多三分之一。每年退休的司機是有限的，關鍵要看機務段的發展，線路上的運量增大，機車需求增加，司機就提拔得快。否則，只能是熬着。

　　司機、副司機的升職考試，分理論和實作。

　　司機考試的實作就是「一把閘」，按規定副司機是不能開車的，也就是說，平時根本沒有摸閘把的機會。而考試時，卻要考閘把。有心的副司機只能是靠平時觀察，看司機怎麼用閘。許多文化不高、腦袋不靈光的副司機，幹了幾年，甚至幾十年，鬍茬兒都白了，上車一考，還是一手「臭閘」，而且臭不可聞。只好給年輕的大車打下手，端茶倒水，奉伺左右。大車一聲吆喝「擦車去」「打飯去」，就得趕緊行動，箭一樣射出去。要是遲鈍了一下，就有可能被大車踹上一腳。機務段裏一輩子沒混上大車，抱憾退休的副司機大有人在。

　　再說司爐考副司機的實作考試，就是找「假設故障」。論副司機的工作職責，除與司爐輪換燒火外，再就是負責機車走行部的給油。油路是機車的血液，沒有油作潤滑劑，高速運轉的輪軸就會燒損。副司機考試時，考官事先會在機車走行部設置一些「假設故障」，如用粉筆劃一條細線，表示部位「裂紋」，用粉筆塗成塊狀，表示踏面「缺油」等等。「前進型」蒸汽機車大約有 2000 多個能叫出名字的部件，重要部件也有 200 多個。面對如此多的部件，考官都有可能「假設故障」。副司機考試時，手拿檢驗錘，60 分鐘內完成 200 多個重要部件的敲打檢查。錘尖敲到之處，同時報出部件名稱或發現的故障。可見其難度之大。

　　那時，火車司機號稱是「處級待遇」，給個縣長都不換。你若想日後混個機務段段長當當，或者說日後想當鐵路分局長、局長，如果

沒有拿到機車駕駛證，你就別想。這是一條硬槓槓。火車司機是機務段的寶貝，好比民航局的飛行員。一是考上火車司機着實不易，二是火車司機責任重大。機務段裏，見了火車司機，人人都是讓三分。走路撞上領導，領導還得賠小心。

後來才知道，我們原本是不該投煤的，因為紫荊嶺機務段是按內燃機務段設計的。就是説，應該配屬國產「東風型」內燃機車。因為焦枝鐵路隧道多、坡道大，只適合內燃機車牽引。廠房竣工了，設備到位了，就等內燃機車駕到了。可是，突然一紙文件下來，將內燃機車變成了蒸汽機車。原準備配置的東風型內燃機車全部漂洋過海去了坦贊鐵路，成就了中國人的國際主義理想。

顯然，也許是為了照顧情緒，鐵道部把當時最好的國產「前進型」蒸汽機車配置給了紫荊嶺機務段。前進型蒸汽機車是大同機車工廠生產的，響當當的國字號。這種機型粗壯、氣派，馬力大，拉得多。牽引定噸為 3000 噸，運行時速最高可達 80 公里，是當時中國鐵路的主型機車，也是世界上噸位最大的蒸汽機車。

在很長的時間裏，由於線路質量、運輸組織等諸多因素影響，中國蒸汽機車的運行速度一直處於很低的水平。前進型蒸汽機車，説是時速 80 公里，貨物列車的行駛速度也就 40 公里左右。而且每走 100 公里，就要停車加水，每走 200 公里，就要停車加煤。

我所在的車班名曰：「前進型」943 號機車青年包乘組。機車前面鍋爐兩側的導風板上，一邊掛着一個巨大的團徽，光彩奪目，很是耀眼。包乘組的 9 個人，全是未婚青年。司機長最大，也就 24 歲。

我們機班主要擔當焦作至枝城鐵路南線的客貨車牽引

任務，客車跑到襄樊、宜昌，貨車跑到荊門。當時一直在說，枝城至柳州的鐵路要通車，可就是沒有動靜。如果新線開通，我們機務段的機車用量就會成倍增加，必然會提拔一大批司機、副司機。我們期盼着。

那時拉客車，紫荊嶺站到襄樊站 231 公里，運行時間 5 小時 30 分；如果拉貨車，紫荊嶺站到荊門站 110 公里，運行時間 3 個多小時。貨車沒點，有時沿線甩車作業多或避讓旅客列車，一個班幹七八個小時也是常事。

20 世紀 70 年代末，宜昌興建葛洲壩水利樞紐工程，我們機車經常拉着水泥專列進宜昌。每次進宜昌站，站台上都圍着許多外國人，大都是歐洲人。他們都是參加葛洲壩工程建設的外國專家和家屬。這些外國人對中國的蒸汽機車很好奇，經常利用休息時間，結伴來火車站看中國火車。他們知道，蒸汽機車是大工業革命的產物，可一直沒有見到過真正的實物。在他們國家，蒸汽機車早已進了博物館。在中國能看到蒸汽機車，那黑色的圓柱體鍋爐、火紅的大輪子，還有吐着白色煙霧的煙囪，讓他們激動不已。我坐在司機室，見車下的外國人如此興奮，開始還挺自豪的。事後得知，他們是在看古董，我就感到很鬱悶。

當時的世界上，只有三個國家還有蒸汽機車運行：中國、印度和南非，而中國是蒸汽機車最多的國家。

1981 年春，終於迎來了枝柳鐵路通車在即，我獲得了參加副司機考試的機會。實作考試中，10 個「假設故障」，我發現了 8 個。這個比例是很高的，成績評定優秀。就在拿到副司機任命的當天，我被抽調到段黨委擔任宣傳幹事。這時，我已經在武漢鐵路局小有名氣，我利用工餘時間，時常將段裏的好人好事寫成新聞稿，刊發在《武鐵工人》報上。黨委書記對我說，段上需要你這樣的筆桿子。

屈指數來，我在前進型 943 號機車上度過了 5 年的火車頭生涯。

在這期間，除前進型機車外，我還值乘過人民型、解放型、建設型、上游型等多種型號的蒸汽機車。那兩側透風的司機室，那段在鋼軌上搖晃的日子，至今回想起來仍然是有滋有味的。這種滋味在於，它讓我與蒸汽機車結交了一種難捨難分的火車頭情結，一種長流不斷的動力源泉。

伴隨着汽笛聲聲，滾滾車輪，吞雲吐霧，一路呼嘯着，氣壯山河，穿梭在時光隧道裏……那是屬於我的蒸汽機車，我的永恆記憶。

隨着時代的進步，曾經以蒸汽機車為主體的鐵路牽引動力，作為一個時代，已經成為一種歷史，留在了人們的記憶裏。退役的蒸汽機車，除極少數被博物館收藏、公園展示外，更多的是被拆解回爐，化為鐵水，令人心痛不已。我無比懷念我的蒸汽機車年代，它伴我度過了青澀年華，豐富了我的人生履曆。

我以為，每一個人都是旅人，腿就是兩條延伸的鋼軌，智力和體力就是鋼軌上的火車頭。

離開火車頭崗位後，我一直從事鐵路宣傳工作，從基層站段到鐵路分局、鐵路局，直至鐵道部宣傳部。工作面寬了，我的火車頭視野更大了。由於工作需要，我去過全國許多機務段，登乘了蒸汽機車、內燃機車、電力機車多種類型機車，乃至高速列車駕駛艙。我以夥計的身份，與諸多火車司機交談。我以一種十分複雜的情感，見證着中國火車頭的飛速發展。

火車頭是時代進步的標誌。生產工具的進步，彰顯了人類社會的進步。從蒸汽機車、內燃機車、電力機車到高速動車組，中國火車頭的每一個章節，都是中國歷史進程的重要單元；中國火車頭的每一組音符，都是中國鐵路交響曲

的雄渾樂章。中國火車頭前進的軌跡，分明就是一部中國近代史、現代史。

如果從輪子的發明算起，到車子的問世、發展，再到火車頭前行的車輪，延伸的車轍，分明就是一部人類發展史。

我的火車頭生涯是美好的。它給了我許多體驗、許多磨礪，也給了我許多陽光和豁達。我很慶幸我的人生有如此珍貴的經歷，這是一筆不可多得的財富，讓我享用終身……

2019 年 3 月 1 日定稿於北京

共和國火車頭

新中國 70 年見證

著者　王雄

責任編輯：熊玉霜
封面設計：高　林
排　　版：時　潔
印　　務：劉漢舉

出　版　開明書店
　　　　香港北角英皇道 499 號北角工業大廈一樓 B
　　　　電話：(852) 2137 2338　傳真：(852) 2713 8202
　　　　電子郵件：info@chunghwabook.com.hk
　　　　網址：http://www.chunghwabook.com.hk

發　行　香港聯合書刊物流有限公司
　　　　香港新界荃灣德士古道 220-248
　　　　號荃灣工業中心 16 樓
　　　　電話：(852) 2150 2100　傳真：(852) 2407 3062
　　　　電子郵件：info@suplogistics.com.hk

印　刷　美雅印刷製本有限公司
　　　　香港觀塘榮業街 6 號 海濱工業大廈 4 樓 A 室

版　次　2022 年 7 月初版
　　　　© 2022 開明書店

規　格　16 開（230mm×170mm）

ISBN　　978-962-459-232-0

本書繁體版由外文出版社有限責任公司授權出版。